相続の落とし穴！共有名義不動産

想い出がきれいなうちにトラブル解決

株式会社
中央プロパティー代表取締役
松原 昌洙

合同フォレスト

はじめに

いきなりですが質問です。

あなたはご両親から相続した家や土地をお持ちですか？

もしくは、将来相続することになりそうな家や土地をご両親がお持ちでしょうか？

もし「はい」と答えたなら、次の質問です。

ご両親やごきょうだいと話し合い、不動産を将来どのように利用または処分するか決めていますか？

本書は、この質問に対して「いいえ」と答えた方に大変役立つ一冊になります。


「親が遺した不動産があるけど、誰がどのように相続したのか分からない」

「自分は相続の手続きに関与していない」

「取りあえず親から相続したけど、空き家にしたまま放置している」

そのようなかたちで相続したのだとしたら、その家や土地は「共有名義不動産」の状態かもしれません。

共有名義不動産は、相続した瞬間、実は誰もが関係してくるのです。すでに自分が共有名義不動産を持っていながら、気付かないまま放置している可能性もあります。

そして共有名義不動産を持ち続けた先に待っているものは……家族を巻き込んだ壮絶な争い劇かもしれません。


私が代表を務める株式会社中央プロパティーでは、共有名義不動産を所有している方からの相談を日々受けています。その内容は、次のような、あいまいに相続手続をすごしてしまったことが原因で起こったトラブルです。

「売りたいのに、持ち主が死んだ父のままになっている」

「全員で相続したはずなのに、独占している身内がいる」

「税金だけ払っているのがもったいないから手放したいが、いったい何人で共有しているのか分からない」

「相続した土地を売りたいと思っているのだが、相続人たちの間で意見が割れている」

「行方知れずの相続人がいても、売ることはできるのか」

その相談件数は、年間で500件を優に超えています。しかも年々増えている傾向ですから、共有名義不動産に関するトラブルは社会問題と言っても過言ではありません。

実際共有名義不動産というのは、相続争いや介護問題や所有者不明土地問題などなど、現代にまん延するさまざまな社会問題と密接に結び付いています。

共有名義不動産という言葉自体はあまり耳にしないかもしれませんが、多くの人たちにとってすぐ近くにあるトラブルのもとなのです。


本書では、増え続ける共有名義不動産に関するトラブルについて、実際に弊社で担当した事例を紹介しつつ、どのような解決方法があるのかを解説しましょう。

第1章ではまず「共有名義不動産って何なの？」という疑問にお答えするとともに、共有名義不動産を持っておくことのリスクについて紹介しましょう。不動産をあいまいなまま相続するとどんなトラブルが待ち受けているのかを知ることが大切です。

第2章は、共有名義不動産がトラブルのもとになることを踏まえた上で、どうすればトラブルを回避できるかを説明しましょう。これから相続するかもしれない方、もしくは相続して共有名義不動産を抱えている方にとって役立つ方法がたくさんあるので参考にしてください。

第3章から第6章までは、テーマ別にまとめた事例集です。第3章は住まい、第4章は空き家、第5章は収益不動産、第6章は地主が別にいる建物について、それぞれのテーマに沿った事例とその解決方法を紹介しています。あなたがもし、今まさにトラブルを抱えているのなら、ここに解決のヒントがあります。

第7章は付録として、いざトラブルを解決しようと思ったとき、実際にどこへ相談すればいいのか、各手続きはどのようにするのかを、簡潔にまとめています。あくまで要点のみなので、参考程度でお読みいただければと思います。

本書で紹介している事例は、実際のものに少しアレンジを加えています。例えば「5人きょうだいを2人きょうだいに変更している」などです。

これは人間関係や状況をシンプルかつ一般的にして、より把握しやすくするためです。問題の本質部分をゆがめることなく、また、解決方法に違いが出ないよう配慮しながら手を加えているので、この点はご了承ください。

また法律や制度といったルールについて紹介している部分は、2018年2月時点のものに基づいています。今後ルールの見直しが行われた場合、本書で紹介する解決方法が必ずしも当てはまるとは限らないので、この点もご了承ください。

まずは「相続を経験し、不動産を共有することになった人たちは、どんなことで困っているんだろう?」という興味本位からでもいいので、数々の事例をご覧ください。

そして共有名義不動産に関するトラブルが身近にあることを知り、少しでも多くの方の認知と理解が深まり、早い段階で対策を立てることの大切さに気付いていただけることが、本書の役割であり、私の切なる願いでもあります。

目次

第2章 相続トラブル回避のために覚えておきたいこと

第3章 親から相続した住まいでモメています

第4章 放置したままの空き家や空き地、どうにかしたい

第7章　いざというときのために知っておきたい大切なこと

第1章

相続トラブルはひとごとではない

「共有名義不動産」ってそもそも何？

身近に潜むトラブルの火種

いきなり「共有名義不動産」といわれても、何のことかピンとこない方がほとんどかもしれません。聞き慣れない言葉ですが、「相続と深く結び付いています」と付け加えられたら、無関係な方はほぼいなくなるでしょう。

親が建物や土地を持っていて、いずれ自分が相続する可能性がある。もしくは自分が建物や土地を持っていて、いつか子へ相続させる可能性がある。

このような可能性がある限り、共有名義不動産に端を発するトラブルが、自身の身近なところで起こることは十分に考えられます。

本章では共有名義不動産が何なのかを明らかにしながら、相続時や相続後に経験するかもしれない予期せぬトラブルについて紹介しましょう。

1つのものをみんなで所有する

まず「共有」とはその名の通り、1つのものを複数人で所有している状態を意味してい

図表1 「共有名義不動産」ってそもそも何？

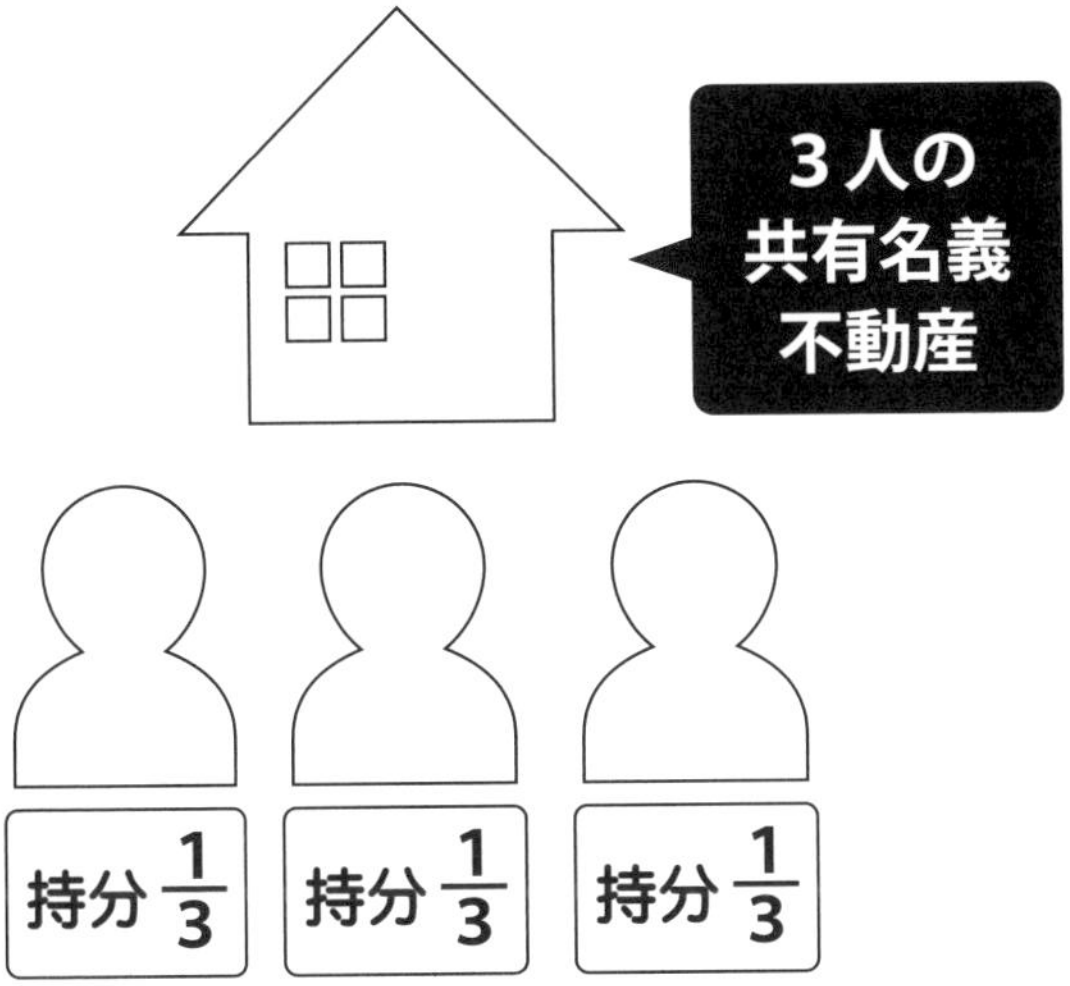

ます。

ごく身近な例でいうと、自宅に家族みんなで使っているパソコンがあれば、それは家族の共有物になり、家族全員がパソコンの「共有者」になります。きょうだいでお金を出し合って車を買ったら、これもきょうだいの共有物です。

逆も述べておくと、例えば夫が妻に結婚記念としてプレゼントしたダイヤの指輪は、妻1人の物なので共有物ではありません。

共有物に対して、各共有者が持つ所有権を「持分」もしくは「共有持分」といいます。

この持分は、等分されるのが原則ですが、例外もあります。

先ほどのきょうだいで買った車の例でいえば、購入時に兄が全体の4分の3、弟が残りの4分の1のお金を出したとしましょう。

この場合、きょうだいの持分比率も3：1となるケースが普通で、タイヤの交換やオイル点検といったメンテナンスの費用などの購入後の車に関わるさまざまな出費も、この持分比率に応じてきょうだいが負担するわけです。

持分や共有持分という言葉は、今後事例として紹介していくトラブルと深い関わりを持っています。なぜかというと、持分の割合に応じて、共有者に与えられる権限が大きく違ってくるからです。

まだイメージは湧かないでしょうが、持分の有無や差異でいろいろとこじれて、トラブルへと発展してしまうことはよくあることなのです。

相続した瞬間、共有物になる

共有物は世の中にたくさんあると思います。中でも建物や土地といった不動産に関する共有物を「共有名義不動産」といいます。1つの不動産に対して、複数人の名義で共有しているということです。ここで注意する点は、共有名義不動産といっても、すでにあなたの名前で登記されているわけではないのです。法定相続人だといっても、法的に遺産共有の状態なのです。

さて肝心なことは、どうして共有名義不動産と相続が関係があるのか、です。

それはごく単純な話で、不動産の相続が発生した瞬間、その不動産は共有物になるからです。

「夫が死亡し、住まいが妻と子どもたちに相続された」

この時点で、住まいは妻と子どもたちの共有名義不動産なのです。

もし夫の遺言があって、「住まいは長男だけに相続する」と明記してあっても、法定相続人である妻や他の子にも法律上所有する権利（遺留分）は残されています。

これについては後々詳しく述べますが、こういった複雑な事情が絡んでくるので、相続というのはややこしく、トラブルが生まれやすいのです。

しかも不動産というのは金額の大きな物ですから、一度トラブルが発生するとそう簡単に事態が解決するものではありません。

共有の反対は分割

共有の反対にある言葉は、分割です。

共有しているものが分割できればそれに越したことはありません。

「ここからここまでが私のもので、ここから先があなたのものね」

そうやってきっちり線引きできればいいのですが……。不動産ではそれが困難なケースが多いのですが、共有関係によってトラブルが起きたら、分割で解決するしかありません。しかし、法律やそれぞれの感情など、さまざまな要素が絡み合い、複雑に入り組んで、なかなか解決に至らないのです。

共有名義不動産の分割方法にはいくつかパターンがあります。これについては第2章で紹介しましょう。

トラブルは世代を越えて拡大する

「共有者が10人！」なんてことはザラ

共有名義不動産に絡んだトラブルの代表格が「共有者多過ぎ問題」です。

例えば次のようなケースを考えてみてください。

ある土地を1人の男性が持っていたとします。男性が亡くなり、2人の子どもへ相続。さらに2人も亡くなって、それぞれの妻や子どもへと相続。そしてさらに下の代へ……。

このように、代を経れば経るほど、共有者がいわばねずみ算式のように増えていくケースが、当たり前のように起こっています。

図表２　トラブルは世代を越えて拡大する

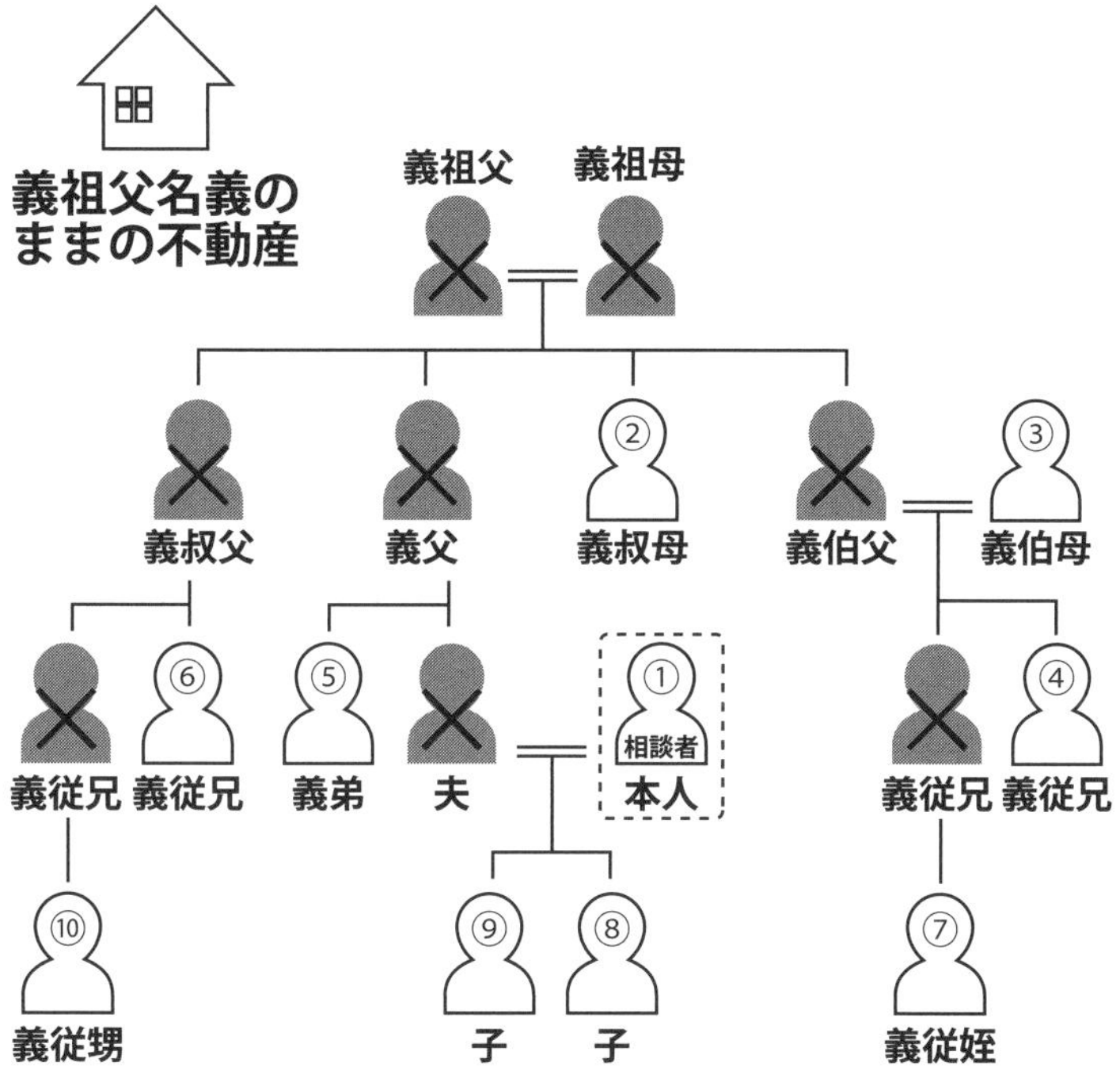

このように、気付いたら相続人が 10 人になっていることも……。

「資金が至急欲しいから、相続した土地を売却しよう」

と思い立ち、細かく調べてみたら、実は相続した土地の共有者が自分以外に９人もいた。そんな事例をたくさん扱ってきました。

土地全体を売るとしたら、共有者全員の承諾をもらわないといけません。町内に全員いれば楽ですが、現代ではそう簡単な話ではありません。中には音信不通の人もいるかもしれません。

結局不動産は手付かずのまま、共有関係を維持して取りあえず放置、という選択肢を選ぶ方もいますが、放置によってますます共有者は増えていってしまいます。これが将来のトラブルを増大させてしまうのです。

持分を第三者へ譲渡していると……

さらにややこしいのは、共有持分が第三者に渡っているケースです。

不動産の一部が、もともとは相続される立場にない第三者へと譲渡されていることで、より一層こじれてきます。

「持分の譲渡なんて、他の共有者に内緒でやっていいものなの?」と思うかもしれませんが、実はいいのです。自分の持分だけなら、自分だけの判断で売却したり贈与することが許されています。

他者への譲渡が成立してしまうと、共有関係はより複雑化し、いざ不動産全部を売却しようというとき非常に手間取ることになります。

家族間だけの話し合いでは片付かないのです。意見が折り合わず、裁判所など公正な機関を通じて対処しないといけなくなることもあります。

これにはかなりの時間や費用、そして共有者たちの労力を要することになってしまうわけです。

「自分の代で止める」という発想を

共有者が世代とともに増えていく問題は、今後ますます加速していくでしょう。社会の風向きとしては「国規模でこの問題に対処していかなければ」という意識が高まってきています。

とはいえ、最終的にこの問題を止めるのは、共有者自身です。社会がどれだけ動いてくれても、共有名義不動産を所有している方それぞれが当事者感覚を持って、「自分たちの代で片を付けよう」という意識で取り組まなければ解決しないのです。

難しい法律の絡んでくる部分が大いにあり、この手の問題には妙に身構えてしまい、また「面倒だな」と感じてしまうところもあります。

しかし、餅は餅屋です。専門家に相談をすることで、自身が手間をかけることなく、迅速に問題を解決し、トラブルの発展を食い止めることができます。

「その分お金がかかりそう」というイメージがありますが、適切なところへ相談に行けば、出費は最小限に抑えることができます。

これについて詳しくは第7章でも触れています。今すぐにでも動きだしたいという方は、まずはそちらを参考になさってください。

お金が絡むからこじれてくる

食い違うみんなの主張

例えば、親から継いだ不動産をきょうだい3人で継ぎ、長男が住んだとします。つまり居住者は長男ですが、家はきょうだい3人の共有名義不動産となりました。

数年が経ち、長男から「仕事の関係で引っ越したいから、土地を売りたい」という提案があったとします。

そこできょうだい3人による話し合いの場が設けられたものの、全員の意見は全く違っていました。

次男も売るのには前向きでしたが、長男の提示した売却額には不服。「もっと高く売って手元にお金を残したい」という主張です。

さらに三男が「兄貴が住まないなら俺が住む」と言ってきたら、3人の意見がまとまることはなさそうです。

図表3　お金が絡むからこじれてくる

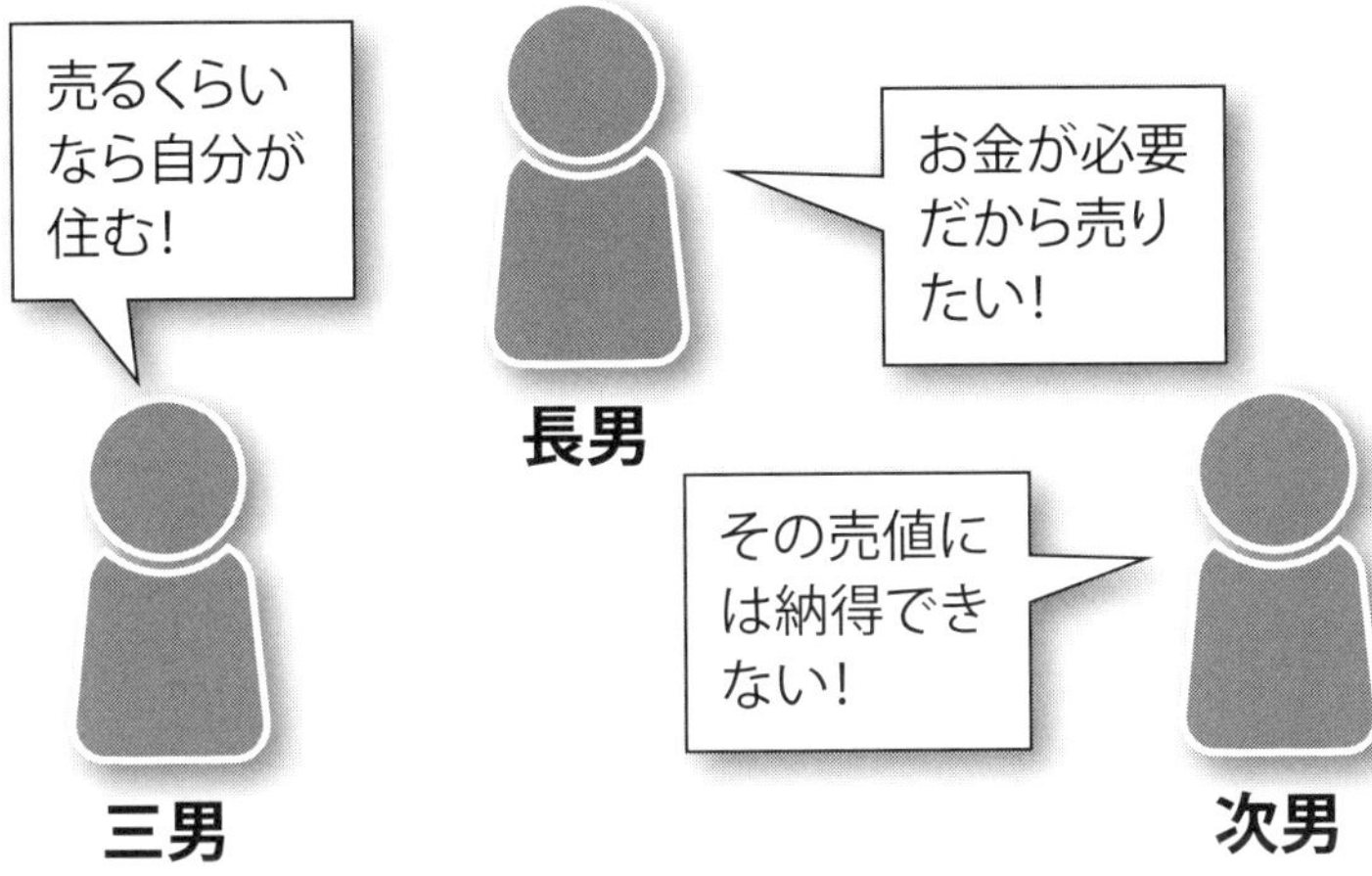

もし仮に全員が納得する額面での売却が決まったとしても、配分で意見が衝突する可能性もあります。「家を守ってきた俺が多くもらうべき」と長男が主張するのはよくある話です。

お金が絡むと、いかに身内であってもこじれるときは大いにこじれます。このようなケースをたくさん見てきました。

この例の場合は3人の意見でしたが、共有者が10人や15人になってくると、さらに難しい話になるでしょう。裁判所など適切な機関の力を借りることが必要となってきます。

額の大小は関係ない

資産やお金の問題というのは非常に重要なことです。しかし、デリケートゆえに問題を直視せず、後回しにしてしまいがちです。

しかし、それが問題を肥大化させる原因になっているのです。

1億円のビルだろうと、100万円の土地だろうと、お金が絡めばみんなの意見に多少なりとも違いが生じ、衝突を生むことになります。

お金のことでこじれ続けるのは誰も望んでいないはずです。

「お金のことで関係を壊したくない」と思えばこそ、早い段階での対処が必須になります。

額の大小関係なく、問題は起こるべくして起こると考え、巻き込まれる共有者が増える前に決着をつけるべきでしょう。

「取りあえず共有」は損している

共有にメリットなし？

「相続が発生した瞬間、共有名義不動産になる」とはすでに紹介したことです。

この相続というのはつまり、人が亡くなった直後のことであり、故人の死を悼む間は、相続の話をする雰囲気ではありません。

「取りあえず遺産などの話は、四十九日が過ぎるくらいまで延ばしておこう」

と考えるのが自然の流れのようです。

しかし、実際四十九日もたつと、普段の生活を忙しく送っている頃ですから、当然相続に関する件の優先度は落ちています。完全に忘れ去っている相続人もいるかもしれません。話し合いの場を持とうと思っても、共有者全員が再び一堂に会するのも難しい話です。「取りあえずこのまま共有でいいか」というふうに落ち着いてしまいがちです。

これが共有名義不動産の危険なところなのです。

みんなで意見を出し合い最善の相続方法を考えた結果、「共有にしよう」と決めたのならまだいいのですが、何も検討せずに「取りあえず共有で」としてしまうのは、将来当然のように発生する問題を自ら歓迎しているにすぎません。

「共有にはデメリットしかない」とまでは言わないまでも、共有名義不動産のメリットは本当に少なく、デメリットやリスクを大きくはらんでいます。

強いてメリットを挙げれば、煩雑な手続きが必要なく、手軽に共有にできる程度といえるでしょう（本来は後述の「相続登記」をするべきですが、しないでおいても法的に問題が生じたりといったことは現状ありません）。

「何もしなければ損はないのでは？」と思う方もいるかもしれません。もしくは収益不動産を共有していれば「家賃収入があるから得している」と思って「取りあえず共有」を選ぶ人もいます。

それがどれだけ危険で、どのような損が実際に考えられるのか。事例を挙げて説明しましょう。

事例「共有者でない叔父が住んでいる」

共有することで発生する第一の出費は、固定資産税などの各種税金です。不動産を相続したら払わないといけないのが原則です。

収益不動産で収入を得ているのならまだいいのですが、誰も住んでいない空き家にかかっている税金を負担するのは、相続した家とはいえ、損失以外の何ものでもありません。

他の共有者が住んでいるにもかかわらず、固定資産税を払わされているケースもあります。納得がいかないです。

次の事例は、よくある相談です。

「父の所有していた一戸建てを母と私たち3人姉妹で相続しました。持分は母が2分の1、私たち3人姉妹が6分の1ずつです。

その住居には現在、私の叔父が住んでいます。しかし、叔父は生活保護を受けていて、家賃を払う余裕はありません。固定資産税は私たちが負担しています。

将来、共有者の誰かに相続が発生したら、叔父との関係がさらに複雑化し面倒な事態になることも考えられます。

売却も視野に入れたいのですが、他の共有者からは『叔父は高齢なので住み替えさせるのはかわいそう』と反対されています。この場合、売却するのは難しいでしょうか」


相続した家に共有者以外の身内が住んでいる事例です。「身内だから」と家賃を取ることがはばかられるのは心情的に分かりますが、一方でこの状態が続いたら将来どのような事態が待っているかを想定しておくのは重要です。相談者さんの懸念はもっともです。

もし、叔父さんの住んでいる家の改修が必要になったとき、誰が負担するのでしょうか。叔父さんは生活保護受給者とのことなので、高額の改修費を出す余裕はないでしょう。共有者がそれぞれの持分比率に応じて捻出することになるはずです。

またいずれは叔父さんも亡くなり、家は空き家状態になります。そのときどのような対応をするかを共有者たちで決めないといけません。

さらにいざ処分するとなっても、共有者がたくさん枝分かれしている状態であれば、意見が一致しない事態も予想されます。処分を諦めて共有を続け、問題を先延ばしにするのが関の山です。しかし、税金はかかりますから、共有者の負担は続く一方です。

それではどうするのが良策でしょうか。

第2章でも説明しますが、自分の持分だけを売却することは、自分の判断だけでできます。

事例のような場合、家族の話し合いでまとまりそうになく、また将来起こるトラブルに巻き込まれないために何としても対策を立てたいという意思があるのならば、自分の持分を売って共有関係から離脱するのが良策になります。

収益不動産のリスク

家賃収入が得られる収益不動産の共有でも損をするケースはよくあります。

中でも多いのが老朽化した物件を相続したパターンで、入居者が見つからなかったり、家賃収入が少なく、維持費や固定資産税などの支払いで、赤字というケースもあります。相続してすぐに修繕費がかかって大きな出費に苦しむ場合もあります。

建て直しをするにしろ、売却するにしろ、共有名義不動産なので全員の許可が必要です。「安値で建て直す方法はないのか」「売るのだけは絶対にしたくない」と、意見が割れてしまった時点で事態がややこしくなり、計画は難航してしまいます。その間にもお金は出ていくばかりですから損しかありません。

安易に共有で受け継ぐことで、収益不動産にもさまざまなリスクが待っているのです。具体的なトラブル回避の方法については第2章で、また共有名義不動産の収益不動産に絡んだ事例とその解決方法は第5章で紹介します。

想い出がきれいなうちに決着を

「仲が良いからモメない」は大間違い

「私たちは仲が良いから、相続について詳しく決めなくても大丈夫」

相続が発生した際、相続人の間でこのような結論に落ち着くことがあります。

遺産が莫大《ばくだい》なものであれば別ですが、多くの方の場合、受け継ぐ不動産といえば実家や数件の土地程度。「そんなに厳密に話し合わなくてもいいだろう」と、なあなあに済ませることが、お互いにとって後腐れもなく面倒さもないと感じてしまいがちです。

確かに、相続したときは数人でも、世代を経ていくと、共有者は増えていきます。

「あいまいにしておくわけにはいかない」という意思を持ち、具体的な行動を起こす人が出てくるかもしれません。

そのときにはもう、「仲が良いから」では済まされないでしょう。なぜなら面識のほとんどない間柄での共有関係が構築されているかもしれないからです。

それぞれの意見と感情がぶつかり合い、トラブルに発展し、共有者同士の関係が泥沼化してしまうことも考えられます。

事例「家族の関係がボロボロに」

相続人の共有関係、もしくは取り巻く環境が変化したことによって、これまで仲の良かった家族の間に修復不可能の亀裂が入ってしまうことも少なくありません。

共有名義不動産によって家族関係がボロボロになってしまった、最悪な事例の1つをここで紹介します。誰にでも起こり得る悲しいケースなので、ぜひご一読ください。

「父が亡くなり、不動産を母と姉と私の3人で相続しました。持分は法定相続に従い、母が2分の1、姉と私が4分の1ずつです。

私たち3人は仲が良かったこともあり、相続した当時は『いつか売ろうね』とだけ決めて、不動産の処分に関する具体的な期限や方法については話し合いませんでした。

その後、母が高齢になったこともあり、姉夫婦が母と同居し、母の面倒を見ることになりました。

ここまでは良かったのですが、問題は、母に認知症の気が見られるようになってから起こりました。

ある日突然、姉夫婦から『母と連絡を取るときは、代理弁護士を通してくれ』という内容の書面が届いたのです。

姉たちの指示に従い弁護士に母と会うことをお願いしましたが、『具合が悪いから』と門前払い。母との交流を一方的に遮断されてしまったのです。

しまいには姉とも連絡が付かなくなり、何をするのも完全に弁護士経由となってしまいました。

この背景にはどうも、姉の夫、つまり義兄が深く関わっているようです。姉の意思とは関係なく、義兄の指示によって、弁護士が間に立つようになり、母や姉と直接連絡が取れなくなってしまったのです。

先日はその弁護士から、『すでに母の遺言を預かっている』という旨の連絡を受けました。母の財産は全て、同居し面倒を見ている姉夫婦へ受け継がせる、という内容なのだそうです。

私にはどうしても納得できません。いつかみんなで売却すると決めていたはずなのに……。

母や姉と直接話したいのですが、相変わらず弁護士には適当な理由を付けられ突っぱね返されています。

義兄が財産を少しでも多く取得したいという目的は明白です。私としては、これ以上大ごとになってしまうのも嫌ですし、義兄の狙いを断固阻止したいというたくらみもありません。

ただこの息苦しい関係を解消したいのです。

その一心で『私の持分を買い取ってほしい』と話を持ち掛けたこともあります。

相続した不動産の価値は８０００万円なので、私の持分は４分の１に相当する２０００万円の価値になります。

姉とはかつて寝食を共にしてきた仲ですが、母の面倒を見てもらっていますから、きっちり相場通りとはいかないまでも、１０００万円以上を希望しました。

しかし、弁護士を経由して返ってきたのは『10万円なら買う』という無慈悲な回答でした。

さすがに絶句しました。

これが姉の本音だとは思えません。やはり義兄の言いなりになっているだけなのではないかと考えています。

もう家族間での交渉の余地はありません。

家族の関係がこれ以上ボロボロにならないためにも……専門家の力を借りて早く持分を売却したいのです。そうすればこの問題に私が関わらなくて済みますから。どうかよろしくお願いします」

手遅れにならないために

この事例ではカギを握っている人物は姉の夫です。

彼は遺産の法定相続人ではありませんが、相続人と財産を共有できる夫婦関係にあり、母の全財産を妻に継がせたいため、義妹である相談者さんにこのような対抗措置を取ったと考えられます。

最初はきょうだい間だけだったので「取りあえず共有」と口約束で済ませたら、後々になってきょうだいの配偶者がしゃしゃり出てきて、事態がややこしくなる。このようなトラブル相談はたくさん経験があります。

「もう家族で話し合っても解決しそうにないから、どうにかしてほしい」と駆け込んでくるのです。涙を流しながら相談される方もいらっしゃいます。

その中の1人の方が口にした言葉が今でも忘れられません。それは次のような言葉でした。

「想い出がきれいなうちに決着をつけたい」

その言葉の強烈さと、心身疲れきったご様子に、事態が非常に切羽詰まっているのだと切実に感じたものです。

家族の溝が深まる前に、家族が笑い合っていた楽しい想い出が汚れてしまう前に、解決したい。

そう願っている方がほとんどなのです。少なくとも家族の中には、トラブルを終わらせたくない人なんていないのです。

事例の方も同じ思いだったに違いありません。お金のことで家族の絆に傷が付く前に、何とかしたいというのが正直な願いです。

弁護士の「10万円なら買う」という言葉にはかなりショックを受けたことでしょう。金額以上に、心ない対応を受けたことがとても悲しかったはずです。

この事例の場合は、相談者さんの持分を、希望していた1000万円よりも高い額で投資家さんに購入してもらうことで解決しました。

相談者さんは晴れてこの問題から解放されたことになり、ほっと胸をなで下ろしましたが、家族関係は修復できていません。以降のことは弊社でも関与できないプライベートな部分になりますが、もう姉妹は関係をほぼ断ち切ってしまっているかもしれません。このような経緯を経た後では、仲の良かった頃に関係を戻すのは困難でしょう。

こんな結果を招くくらいなら、相続した時「今すぐ売却しよう」と決め、早めに動いておくべきだったでしょう。プランの具体化を先延ばしにしたことが、家族関係がボロボロになるトラブルの引き金になったとも考えられます。

損して決着することも……

この事例は、弊社が共有者たちの間に入って、第三者の投資家さんに持分を買ってもらうかたちで解決したのですが、「第三者に売ると、他の共有者に迷惑を掛けてしまうから」と、多少安くてもきょうだいに売るケースもあります。

逆に買い取るケースでも、「家族だから」と気を使って、仕方なく高値で購入する方もこれまでにいらっしゃいました。

売る側と買う側、両者が納得してのことですからもちろん問題はありませんが、内心損した気持ちも捨てきれないことでしょう。

要するに、家族間で決着する方法を選んでも、自分が損してしまうケースはいくらでもあるということです。むしろ「基本は家族の誰かが損をする」と思っておくべきです。

いずれにしろ、共有関係でいることに大きなメリットはないというのが結論です。早い段階で整理を付けておくべきだと、多くの事例に関わってきた私は感じています。

では、トラブルを招かないために、早期にどういった対策をしておくべきなのか。いよいよ第2章で説明しましょう。

第2章

相続トラブル回避のために覚えておきたいこと

「遺産分割協議」で決着をつける

相続したら通るべき道

本章では相続と共有名義不動産に関して、トラブルを招かないための事前対策や、実際にトラブルが起きてしまったときの対処法について説明しましょう。

難しい用語が出てきますが、できるだけ分かりやすく意味を解説しています。また事例を通して、それらの用語がトラブル回避においてどれほど重要なのかを感じていただくことも本章の狙いです。

まずは相続とは切っても切れない「遺産分割協議」から話を始めましょう。

遺産分割協議＝話し合い

遺産分割協議とは、つまり相続人全員で行う話し合いで、相続する全ての遺産に関して分割方法を決める協議です。

遺産分割協議におけるポイントはいくつかあります。

まずは全員の同意がなければ成立しないという点です。誰か1人でも反対したら、協議で話し合った事項は成立とはなりません。

また、遺言書があれば基本的にはそれに従うかたちになりますが、遺産分割協議によって別の分割方法が提案され、相続人全員の合意が得られれば、そちらを優先することができます。遺言書に必ずしも従う必要はないのです。

もう1つのポイントとして、遺産分割協議はいつでも行えるということがあります。相続人たちの都合で話し合いの場を設けますが、できるだけ早く話し合いの機会を設けることが得策でしょう。

日がたてばたつほど、相続人全員が集まれる機会が減っていくでしょうし、相続税の観点でいえば申告期限（相続開始を知った日の翌日から10カ月）までに協議を調え、相続人全員が相続税の申告・納税をしなければなりません。そして相続税の優遇措置を受けるためには、この申告期限までに話し合いの結果をまとめた「遺産分割協議書」を税務署に提出しなければいけません。

ちなみに遺産分割協議で相続人全員の意見がまとまらなかった場合、家庭裁判所で調停を行うことができます。

遺産分割協議書や調停に関する詳細については第7章を参考にしてください。ただ、注力する時間や費用、そして家族の関係のことを思えば、できるだけ身内だけで話を済ませたいところです。

3つの分割方法

さて、不動産に限って話を進めていくと、相続した瞬間に不動産は共有名義不動産になります。

相続共有となった不動産をどのように分割するのか、相続人全員による遺産分割協議で決めていくことになるわけですが、その決着方法には大きく3つあります。

共有関係を解消するためのこれら3つの分割方法は次の通りです。

1 現物分割

不動産そのものを、持分に応じて各相続人に分ける分割法です。

最もシンプルな方法ですが、不動産の分割は容易なことではありません。建物の場合はまず無理と考えた方がいいでしょう。

土地の場合は、分筆といって、土地をきっちり持分に応じて分けることもあります。しかし、日当たり具合や道路に面しているかなど、面積に応じた単純な等分割では得失の差が出てくることがほとんどです。

真の意味での平等な分割を目指すには十分な協議が必要になります。不動産鑑定士や弁護士などの詳しい専門家に頼るケースも少なくありません。

2　代償分割（価格賠償）

不動産を特定の相続人が取得して、その分の代償金を他の相続人に支払う分割法です。

例えば1000万円の土地をきょうだい2人で相続していて、兄が弟の持分を代償分割で取得するとしたら、兄は弟へ500万円を支払うことが基本になります。

買い取ることになりますから、それなりの資金が必要です。資金に余裕のある相続人がいないと、この方法は成立しないでしょう。

3　代金分割（換価分割）

不動産を売却し、その代金を持分に応じて各相続人に分ける分割方法です。

きょうだい2人で共有していた土地を1000万円で売却したら、500万円ずつ分け合うということです。

非常にオーソドックスな方法で、最も決着の早い分割方法ですが、売却金額をいくらにするかで協議が難航することもあります。

図表４　「遺産分割協議」で決着をつける

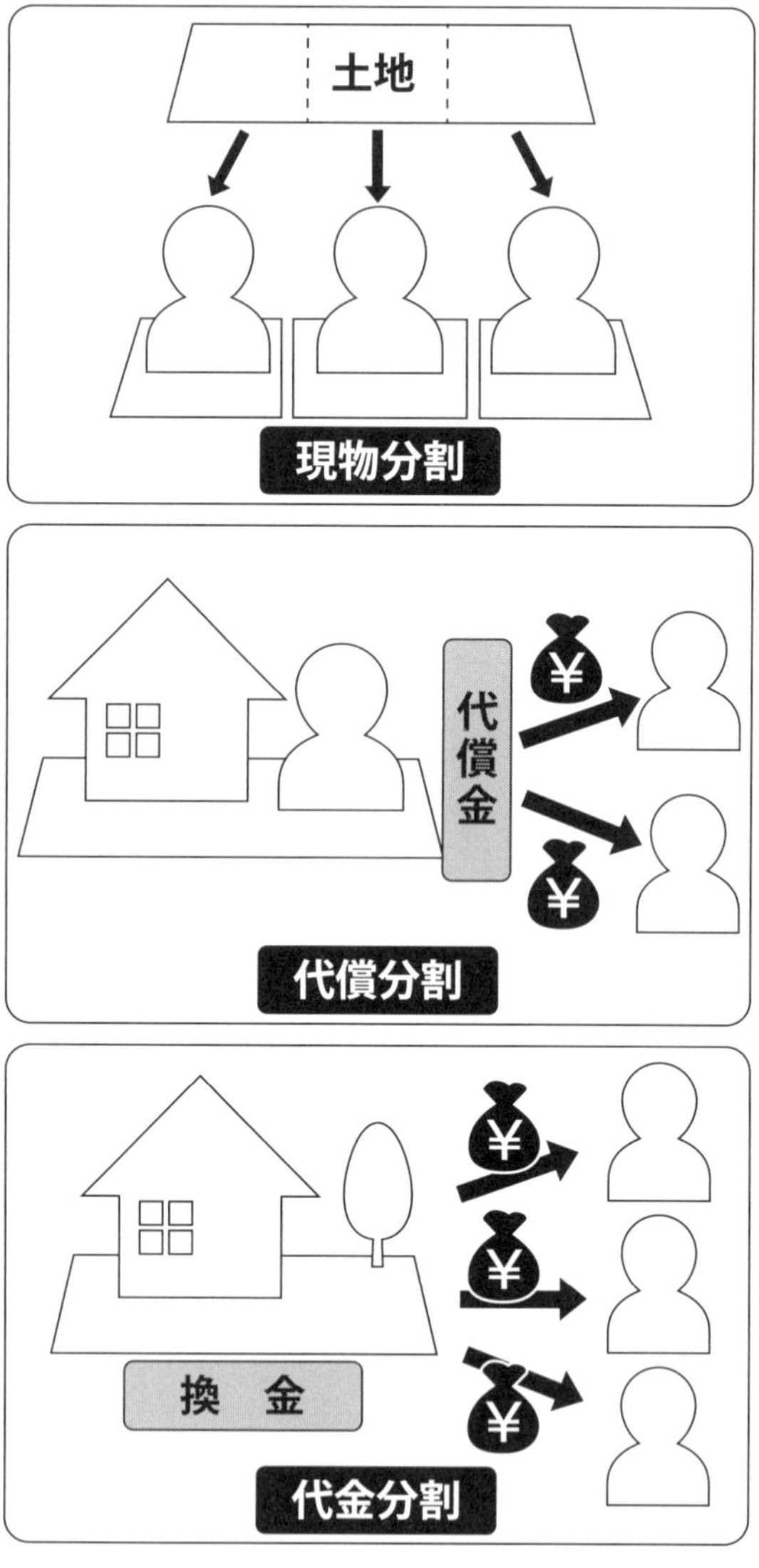

また、いずれの分割方法もそうですが、相続人全員の同意が必要であることを忘れてはいけません。「相続した不動産を売るなんて」と反対されてしまったら、この方法は成立しないことになります。

共有するなら決めておきたいこと

十分に話し合った結果、分割せずに「共有関係でいこう」と決着することは決して珍しいことではありません。

今紹介したように、分割方法にはそれぞれネックがあり、協議が調わなかったら、分割ではなく共有の道を選ぶことも1つの解決策になります。

共有関係を継続することになった場合、今後のトラブル回避のために遺産分割協議ではさらに次のことを決めておきましょう。ここからは共有名義不動産の持分を有している人たちを、相続人から共有者へと呼び替えて説明しますが、意味合いとしては同じです。

1　不動産の管理方法

不動産を誰が管理するのかを決めましょう。共有者の誰かが住むのであれば、その人が管理するのが自然です。

修繕やリフォームを要することになったら、共有者に相談することは管理する側にとっての必須行為です。費用の徴収方法、負担割合は協議の段階で明確にしておきましょう。

不動産を貸し出して賃貸契約を結ぶ場合は、管理する共有者が各手続きを請け負うことになります。借り手を自力で探すケースは少ないと思うので、不動産会社への取り次ぎが主な役割になります。

2　共有者が住む場合の取り扱い

共有者の1人が共有名義不動産に住む場合、家賃の有無を決め、家賃が発生する場合は額を明確にしておきましょう。

例えばきょうだい3人が3分の1ずつの持分で共有し、長男が住み、家賃を払うことになった場合、「長男から弟2人へそれぞれ月5万円の家賃を支払う」というように、普通の賃貸借契約と同じように額を決めます。

ちなみに無償で住む場合は、「使用貸借契約」と呼びます。

3　賃料の分配方法

共有者が住み、賃料を支払うことになった場合や、賃貸借契約を結び代表共有者が賃料を徴収する場合、他の共有者への支払いの方法とペース（手渡しか口座振込か、月ごとか半年ごとか、など）を決めましょう。

先ほどの長男が住む例でいえば、「半年分30万円を6月末と12月末の年2回、弟2人それぞれの口座に振り込む」といった具合です。

4 売却に関する取り決め

将来手放すつもりかどうかの意思確認をしておきます。売却するのであればいつまでに、いくらくらいを想定しておくか、共有者全員の意見をまとめましょう。

ただこれまでも紹介したように、売却時期や額について意見がまとまらないことも多くあります。誰が代表者となって売却の手配をするかも決めねばならず、各共有者の思いを1つに束ねることは容易ではありません。

意見がまとまらず、それでも売却をしたい場合、自分の持分だけを手放す方法もあります。

忘れちゃいけない「相続登記」

登記に期限や義務はありませんが……

不動産の登記名義を、相続した共有者に名義変更することを相続登記といいます。要するに「相続した不動産はこんなふうに分け合うことにしましたよ」と法務局へ知らせる行為ということです。

ちなみに前項で遺産分割協議の話をしましたが、ここで決着した分割方法を記載し、共有者全員が記名押印した遺産分割協議書は、相続登記の際に必要になります。

この相続登記は、「相続発生からいつまでに登記すること」といった期限はなく、そもそも必ず名義変更しなくてはいけないといった義務もありません。

ですから、相続登記をしないままになっている共有名義不動産が日本にあふれているのです。

しかし、第1章の内容から想像できると思いますが、相続登記は絶対にやっておいた方が良いのです。

登記しないまま時間が経過すると、共有関係がどんどん複雑化してしまい、いざ処分というときに手間取ることになってしまいます。

共有者自身が「不動産の持分があることを知らなかった」ということもよくある話です。共有者を特定することが不可能で処分できないケースも、これからの時代ますます増えていくことでしょう。

また、登記されている名義が死亡者であった場合、該当不動産が誰の持ち物なのかがはっきりせず、所有者不明となってしまうケースも多発しています。

今後発生するであろうトラブルを回避するためにも、相続登記は行うようにしましょう。

事例「登記変更していない不動産で面倒なことに」

「登記って、役所が管理しやすいからするものでしょ。遺産分割協議さえ済ましていれば家族でモメることはないし、私たち登記する側にメリットはないのでは？」という思いから、費用や時間を削ってまでわざわざ登記することを嫌がる人もいます。

確かに登記というのは法務省が土地を管理する上で必要な手続きですが、一方で共有者にとっても重要な意味を担っています。

例えば次のようなトラブルに直面したとき、登記の大きな効力を感じることができるでしょう。

「親から相続した建物と土地があります。相続したのは私と弟で、建物には私が住み、土地の一部は空き地の状態で使用していませんでした。

相続時に登記は行っていません。

先日、知り合いの方から『空いている土地を購入したい』という申し出を受けました。私としても土地を遊ばせているのはもったいないと感じていましたし、相続した家がだいぶ古くなり、大規模な修繕費が必要だったこともあり、二つ返事で承諾しました。

近辺の相場から換算した土地の価値は1000万円。交渉を何回か重ねた結果、知り合いで何かとお世話になった経緯もあり、600万円で売却することになりました。

その後しばらくして弟と会った際に、土地を売却した旨を伝えました。すると弟から、

『売るなんて聞いていない』

『自分にも相続権があるのだから、売却金を受け取る権利がある』

『相場は1000万円なのだから、半分の500万円は欲しい』

相談なく勝手に売ったことに弟は憤慨していて、『500万円でないと納得しない』とかたくなに言い張り、揚げ句には『よこさないと訴える』とまで言われてしまい、大変弱っています。

売却金はすでに家の修繕費としてほとんど使ってしまい、弟に500万円を払う余裕は

図表5　忘れちゃいけない「相続登記」

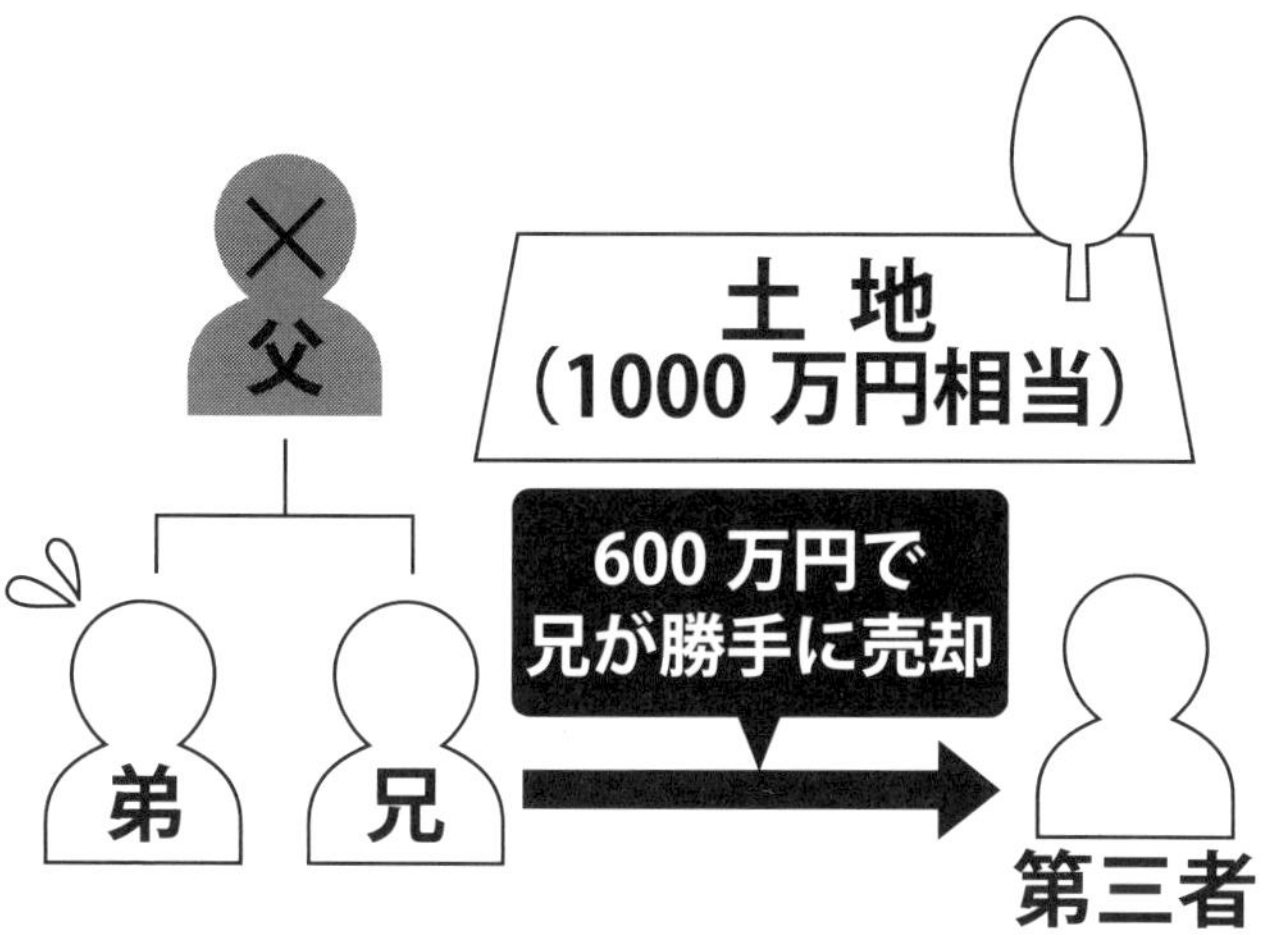

ありません。

私としては、親から相続した建物と土地を長く管理してきましたし、きょうだい間の暗黙の了解ではありますが、建物と土地の所有権は私にあるという認識があり、売却のタイミングも私だけで決められるものと思い込んでおりました。

私は弟に売却金の一部を渡さないといけないでしょうか。渡すとしたらどのくらいの額が適切なのでしょうか」

これまで述べてきた通り、相続した瞬間に共有関係は発生します。相続時にきょうだい間で遺産分割協議は行っていなかった様子ですから、事例の建物と土地はきょうだいの共有物であり、持分は半分半分です。

売却の話があった時点で弟さんへの相談は必要でした。登記上は亡くなった親の名義になっていようが、建物と土地を守ってきたのが兄である相談者さんであろうが、共有関係となっている以上はそれがルールです。

弟さんの「売却金を受け取る権利がある」という主張も正しく、持分比率通りに分配するべきです。６００万円で売ったのであれば、３００万円は弟さんへ渡すべきでしょう。

ただし弟さんの「相場が１０００万円だから、半分の５００万円は欲しい」という主張はやや感情的で強引な理屈です。弟さんの持分はあくまで土地の半分であり、その持分だけを売ろうとした場合はどうしても相場よりは下がってしまうのが原則です。全体で売却するとしても相場通りに売れるかも確実ではないのです。

ケースバイケースの面が強いですが、今回の場合、やはり売却金の半分である３００万円の要求が妥当といえるでしょう。

いずれにしろ相談者さんは弟さんに３００万円を払うべきですが、資金に余裕はありません。

この場合どう決着をつけるべきでしょうか。

売却金はほとんど、相続した建物の修繕費に回されています。この建物自体もきょうだいの共有物ですから、修繕する際には弟さんも費用の半分は負担するべきです。

ですから売却金の使途も踏まえれば、売却金は修繕費で相殺されたとも考えられるので、弟さんが相談者さんから３００万円をきっちり受け取ることも欲張り過ぎかなということになります。

この事例に関しては、家族間でのトラブルですから、きょうだいで冷静によく話し合い、後腐れのない、両者にとって納得のいく決着点を見つけていくのが最善でしょう。

やっぱり登記は大切です

この事例で忘れていけないことは「非は兄にあった」という点です。他の共有者に無断で自分の持分を越えて不動産を売ってしまい、しかも売却金を修繕費に充てたことは、完全にルールを無視しています。

本人に悪気がなかったことは明白です。しかし、他の共有者から見れば「そんなのは関係ない、ルールはルール」です。

こういったトラブルは本当によく起こり、頻繁に相談があります。

では、このトラブルを事前に回避するためにはどうするべきだったのか。「事前に正しい知識を身に付けて、ルールを守る」しかなかったでしょう。

つまり、遺産分割協議をきょうだいで行い、「建物と土地の所有権は兄のものにする」

と取り決め、正式な書類を作成し、相続登記を済ましておけばよかったのです。

前述の通り登記自体に義務はありませんが、事例のようなトラブルを回避するためには必須となってきます。

弟さんの「相続権が自分にもある」という主張は、相続登記によって不動産の名義が兄のものになっていれば、簡単に否定することができるのですから。

このように、相続登記には所有権を主張する十分な効力があります。事例のトラブルは比較的軽いケースであり、登記をしなかったことによるトラブルにはもっと甚大な、裁判沙汰にまで発展するケースも少なくありません。

ですから、相続が発生したら、きちんと遺産分割協議を経て、登記を済ますようにしましょう。

登記についてより詳しくは第7章にて触れていますが、手続きは煩雑なので、司法書士、行政書士、弁護士などに相談することをお勧めします。

相続前の対策なら「生前贈与」と「遺言書」

終活のススメ

そもそも本書で挙げているトラブルの大筋は、相続された不動産が「共有関係になっている」ことに端を発しています。

それを踏まえると、最善のトラブル回避策は、被相続人（将来相続される財産を有する人）が「共有関係をつくらない」よう事前に手を打っておくことでしょう。

そこで活用したいのが「生前贈与」と「遺言書」です。「終活」がはやっている最近では、これら2つの生前対策も一般的によく耳にするようになりました。

まず生前贈与ですが、その名の通り生前に相続人へ贈与するという手続きです。生前贈与しておけば、いざ相続が発生したとき、贈与された不動産は相続財産に含まれず、トラブルの種にはならずに済みます。

ただし生前贈与には贈与税が絡んでくることを忘れてはいけません。贈与税をできるだけ抑えながら贈与するテクニックもありますが、専門的知識あるいは専門家の力が必要になります。

遺言書の大まかな作成手順

「贈与税もかかるし、いろいろややこしいから生前贈与は気が進まない」というのなら、遺言書を使った対策も視野に入れましょう。

「A土地は長男の○○に、Bビルは次男の△△に遺贈する」と、不動産に関して単独所有となるよう分割方法を指定しておけば、相続後共有名義不動産となることを回避できます。

ただ遺言書にはいくつかの懸念材料があります。

遺言書を誰かに処分されたり改ざんされたりしないかとか、そもそも遺言書があることに気付いてもらえるのかなど、相続が発生し遺言書が活用されるのは自身の死後の話ですから、何かと心配事は尽きません。

そこで大事になるのは、自分の死後もきちんと遺言書を管理し、いざ相続というときに指揮を執る権限を誰かに持たせることです。

まず1つとして、法律の専門家である公証人に遺言を託す方法があります。これによって作成された公正書遺言は大切に保管されるので安心確実。ただしいくつもの手続きを介することになるので、その分の費用は覚悟しないといけません。

もう1つは、自分で作成した遺言（これを自筆証書遺言といいます）を遺言執行者に託す方法です。相続が発生したときに率先して動き、相続を円満に完了させてくれる存在を任命するということです。

遺言執行者は、未成年や破産者でなければ、家族や知人、誰でもよいことになっています。複数人でもかまいません。

この方法がオーソドックスかつリーズナブルといえるでしょう。莫大な財産を築いている人でない限り、この方法を採ることになります。

事例「子どもが親に遺言を書かせている」

相続時のトラブルを回避するための遺言ですが、時に遺言そのものがトラブルの火種となることもあります。

次のような事例を紹介します。

「被相続人の遺言を子どもが強制的に書かせています。これは遺言として認められるのでしょうか」

結論からいえば、他者によって「書かされた」遺言はその効力を発揮できません。おまけに事例は相続人である子どもが書かせているため、民法によって相続権を失うことにもなり得ます。それどころか私文書偽造罪などの罪に問われる可能性もあります。

このように遺言にまつわるトラブルも多いのが現状です。よくある典型としては次の2パターンでしょう。

1　本人以外の誰かが成り済まして遺言書を偽造

筆跡鑑定によって偽造を証明する必要があります。

2　認知症の人をだまして本人の筆跡で作成

遺言無効確認訴訟を提起し、遺言書の効力を争うことになるでしょう。

このように遺言はその真偽が問われるケースが大いに考えられるので、信頼できる遺言執行者を立てるなど、事前に念入りに対策する必要が出てきます。

準備は早めに

本書は「すでに共有関係になってしまっている不動産」に関する本なので、「生前贈与」

や「遺言書」についてこれ以上の具体的な内容を述べることは避けます。基礎知識として押さえておいてください。

これら生前の対策は、共有関係をつくらないために必須、いわば最強の予防策なので、専門家に相談したり専門書を読んで、いざというときのために準備を始めておくようにしましょう。

「家族信託」で丸ごと解決

いま最も注目される相続トラブル回避術

共有にしないための方法として生前対策を紹介しましたが、いま注目を集め始めている新しい解決方法があります。

それは「家族信託」です。名前の通り、家族に信託することで、財産を「共有」ではなく「信託」という状態にするのがこの方法の核になります。

自分（被相続人）が将来認知症になってしまったり、病気や怪我によって、財産運用の判断を下すことが困難になってしまうときに備え、指名した家族の誰かに自身の財産管理を任せます。任された家族は財産を継承し、財産に関わる人全てが不利益や不満を持つことのないよう、公正な方法で財産を管理します。

遺言書と併せて利用することでより確実性が増し、将来の相続トラブルの要因を潰すことができるのです。

家族信託に欠かせない3つの役割

具体的に説明しましょう。

まず家族信託には、「委託者」「受託者」「受益者」という3つの役割が登場します。

まず委託者は、財産を持っている人物であり、相続においては被相続人に当たります。

家族信託すると決めた委託者は、家族の誰かを受託者に指名し、財産の継承、管理を任せる信託契約を交わします。

家族信託を開始した瞬間、財産は信託財産となり、将来相続に伴って共有関係に変わることを回避できます。

今すぐ家族信託を開始させるかどうかは、委託者と受託者の契約次第です。開始する時期を指定してもいいですし、もしくは遺言書の中で「○○を受託者とする」と指名することもできます。

さて、信託財産となったときに新たに登場するのが受益者です。これは相続における相続人に当たります。信託財産から得られる利益を受け取る人たちになり、これも委託者が指名することになります。

委託者の役割をより詳しく説明します。

例えば受託者の判断によって、委託者から管理を任された信託財産を売却したとします。売却金は当然受託者のものではありません。受益者たちに分配されるのです。分配方法は受託者が決めることになりますが、不公平があれば受益者たちが異議を唱えることもできます。このように受益者には受託者を監査する権限があります。

信託契約自体は委託者と受託者との間で契約書を交わせば成立となるので、基本は費用のかかるものではありません。ただし登記では形式上、委託者から受託者に名義を移転することになるので、その際の費用はかかるでしょう。また信託に伴う税金発生の可能性も考えられます。

他にも留意点はいくつかあるので、家族信託を利用する際は、司法書士や弁護士や税理士といった専門家と連携しながら進めていくのがいいでしょう。家族信託に強い専門家を探すことがポイントです。

共有（相続）前の家族信託

概要は以上として、実際の例を見てみましょう。3つの役割が登場しましたが、関わってくる人物は普通の相続と同じです。

まずは相続が発生する前に家族信託を開始する場合です。父が委託者で、3人きょうだいの長男を受託者に指名したとします。

父と長男の間で信託契約が結ばれ、家族信託がスタートします。父の持つ財産が信託財産となり、受益者は父のみです。父に代わって長男が信託財産を管理することになります。父は自分の死後の受益者も指定できます。今回であれば、子どもたち3人を受益者とする、というような具合です。

信託財産としておくことで、例えば委託者である父が認知症となって判断を下せなくなったとき、受託者が財産の管理を行うことができます。何も手を付けられない塩漬け状態を防ぐことができるという大きなメリットがあります。

共有後の家族信託

すでに共有状態となっている不動産においても家族信託は有効です。共有名義不動産に関するトラブル回避術の観点では、ここが家族信託のすごいところともいえます。

図表6　「家族信託」で丸ごと解決

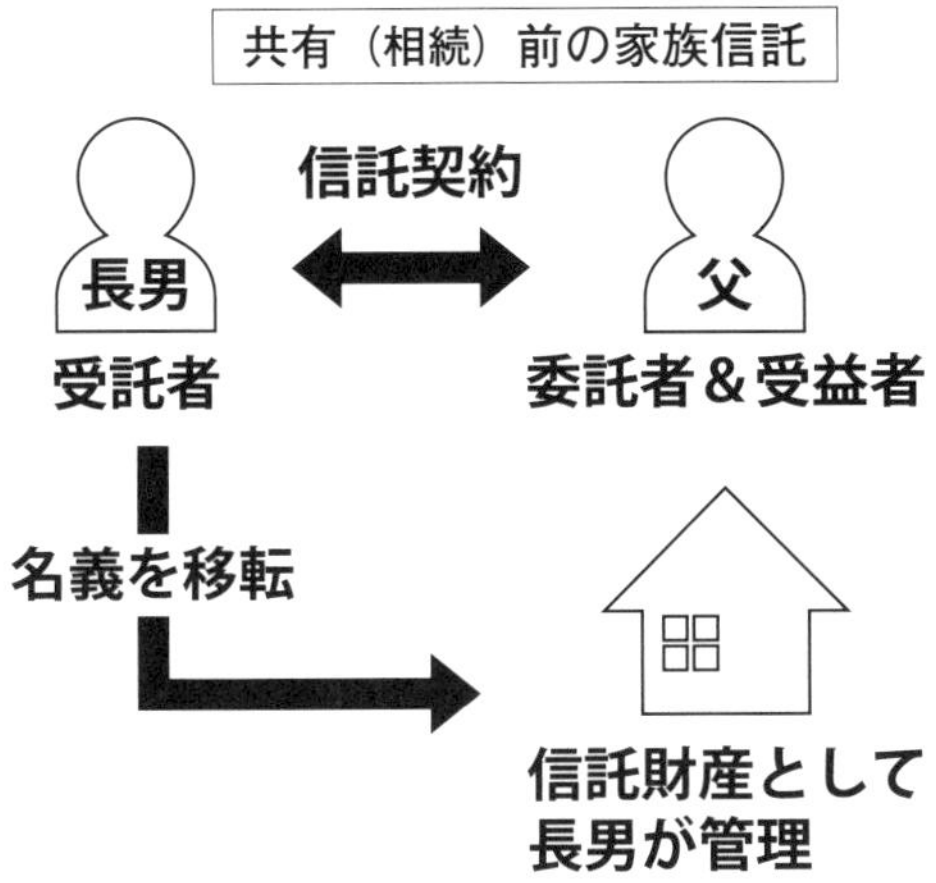

委託者である父は、自分の死後の受益者を指名しておくことができます。

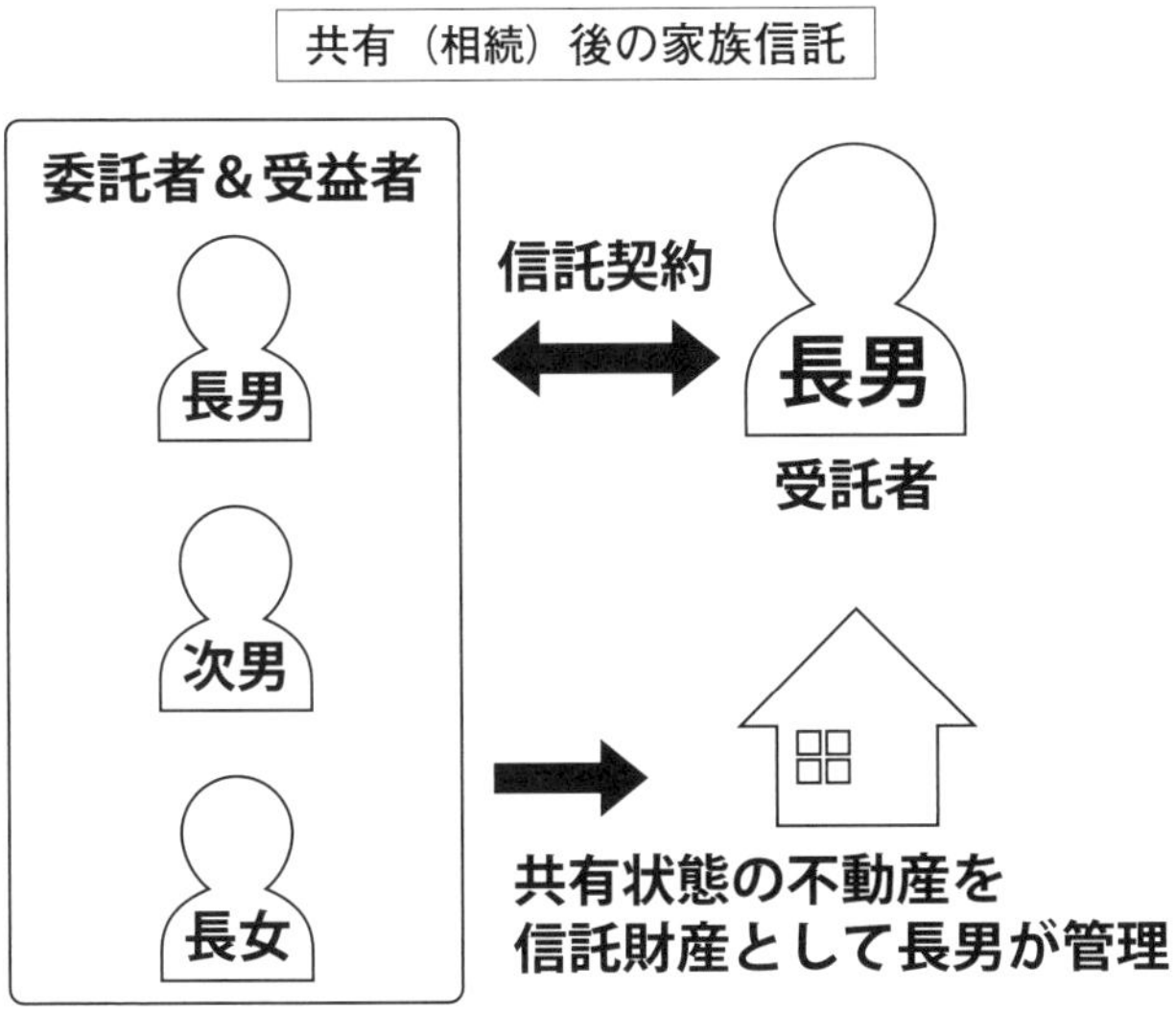

信託財産とすることで共有トラブルを回避できます。

３人きょうだいで相続共有している不動産があるとしましょう。この場合の委託者は共有者全員になります。彼ら全員の合意の下、受託者を指名、信託契約を結びます。

さらに受益者も指名し、固定資産税や修繕費といった不動産に関わる管理費用や、売却益の分配などについても設定します。これらは遺産分割協議の際に決めることとほぼ同等です。

受託者は信託財産を、受益者全員にとって不利益がないよう管理することになります。

このような関係構築は、「仲が良いからトラブルなんて起きないよね」と言い合えるうちにやっておくことが一番です。トラブルが起きてからの信頼関係構築など不可能ですから、誰かに信託などできるはずありません。

家族の幸せを託す

このように家族信託は、受託者の役割が重要となっています。いわば財産のやりくりを任される幹事のような存在です。

共有名義不動産となることを防ぎ、わだかまりもなく財産を引き継ぐことを達成するためには、受託者の管理判断能力が欠かせません。

委託者にとっては誰を受託者に指名するかが肝になります。当たり前のことですが、責任感が強く、家族全員の幸せを願えるような人がふさわしいでしょう。

遺言に対抗できる「遺留分」

相続人に約束された最低取り分

生前対策のところで、遺言は共有関係を回避する最強の予防策だと紹介しました。しかし、実のところ、公正な遺言を作成しておいたとしても、必ずしもその通りに遺産の分配が行われるとは限りません。

相続人には、一定割合の遺産を受け取る権利があるからです。これを「遺留分」と呼び、その権利を有する人を「遺留分権利者」といいます。

つまり、たとえ被相続人が「全財産を妻に相続させる」といった旨の遺言書を遺したとしても、他の相続人である子どもたちが遺留分を主張したら、割合に応じて財産を分けなければいけないのです。

このような「自分がもらえるはずだった財産を引き渡せ」といった要求を「遺留分減殺請求」といいます。

これによって、本来は単独所有になるはずだった遺産が、遺留分権利者との共有関係になるケースも起こり得ます。

被相続人の望まないかたちとなってしまうのです。そしてこれが後々のトラブルの引き金となってしまうこともあります。

この遺留分で確保されている割合ですが、民法によって次のように定められています。

1　直系尊属（父母や祖父母など上の世代）だけが相続人の場合は、相続財産の3分の1

2　それ以外の場合は、相続財産の2分の1

また遺留分権利者が複数人いる場合には、これらの割合に相続人の本来の相続分割合を掛けることになります。

父母の遺留分

ややこしい遺留分の計算について、例を挙げて説明しましょう。

「被相続人の遺した財産が6000万円。本人に子どもはなく、父母が健在」

この場合の各相続人の遺留分はいくらになるでしょうか。

子どもはいないので、先ほど紹介した民法の1つめ「直系尊属～」が適用されます。つまり遺留分は3分の1というわけです。

ただし父母2人が相続人なので、本来2分の1ずつが法定相続割合です。これと遺留分3分の1を掛けます。

よって父母それぞれの最終的な遺留分金額は次のようになります。


6000万円×2分の1（法定相続分）×3分の1（遺留分）＝1000万円

被相続人が「全財産を恋人に遺贈する」「〇〇に全額寄付する」といった遺言を作成していたとしても、父母はそれぞれ1000万円の遺留分を主張し、取得する権利があるということです。

妻子の遺留分

もう1つの例も紹介します。

「被相続人の遺した財産が6000万円。妻と、子どもが3人いる」

まず法定相続分としては、妻が2分の1で、残りを子どもたちが分け合うので、子どもたちは6分の1ずつになります。そして遺留分は紹介した民法の2つめにある2分の1が適用されます。

よって妻と子どもたちの遺留分額は次のように算出できます。

妻　6000万円×2分の1（法定相続分）×2分の1（遺留分）＝1500万円

子ども　6000万円×6分の1（法定相続分）×2分の1（遺留分）＝500万円

たとえ被相続人が「全財産を長男に継がせる」と遺言を残しても、妻は1500万円、2人の子どもは500万円の遺留分を主張できるということです。

遺留分の事前放棄もある

よって、遺言を作成して遺産を誰か1人の所有にしたいと考えたなら、事前にこの遺留分まで考慮しないといけないということです。

例えば遺留分減殺の順序を決めておきます。「A土地の売却代金を遺留分に充てる」といった具合です。

もう1つ、遺留分の事前放棄という方策もあります。

相続人に遺留分を事前に放棄してもらうことで、遺留分減殺請求を避けることができるわけです。法的な手続きによって比較的簡単に行えます。

しかし、いきなり「遺留分を放棄してくれ」なんて頼まれても、納得しない人がほとんどでしょう。そこで、相応の価値に値するものを贈与するなど、何らかの対処法を用意しておくことになるでしょう。

ただ現状を見てきている弊社としては、このような事前放棄などの施策によって、円満な相続が達成できているケースはごくまれだと感じます。

相続人は自身の持っている権利を主張し、少しでも多く財産を得ようとするのが現実です。

現行の制度上では、いくら対策を練ったとしても、共有関係に落ち着いてしまうことが多くなっています。

知っておこう「共有」のルール

1人で「できること」「できないこと」

共有物というのは共有者全員で所有している物ですから、利用に関して各人に制限があります。

家族みんなで使っている物を勝手に売ったり捨てたり改変したら、他の家族から非難を浴びてしまうことでしょう。共有名義不動産も同じで、独断で売却したり、大きな変更を加えることはできません。

共有名義不動産における共有者が「できること」には、単独で決めて実行できること、過半数の同意でできること、全員の同意があってできることの3つがあります。

具体的には図表7のようになります。

自己持分は誰が買う？

「単独でできること」の中に「自己持分の売却」とあるように、自分の持分だけならい

図表7　知っておこう「共有」のルール

単独でできること
・保存行為→雨漏りの修繕、ドアの立て付けの修理など ・自己持分の売却 ※誰も不利益にならないことがポイント
過半数の同意でできること
・管理行為→土地の地ならし、キッチンの改装といった部分的なリフォーム ・賃貸契約の締結および解除（建物３年、土地５年以内）
全員の同意でできること
・変更行為→山林の伐採、田を畑に変更する、土地に建物を建てるといった大規模なリフォーム ・全体の売却

つでも独断で売却できます。

共有関係のいざこざに巻き込まれたとき、最も迅速に解決する方法がこの持分の売却で、オーソドックスなトラブル解決策です。

「不動産の共有持分を買ってくれる人なんているの？」

という疑問を持たれることでしょう。

建物や土地全体の不動産取引であれば買い手はたくさんいるでしょうが、共有名義不動産の場合買い手は限られていて、主に投資家と買取業者になります。

いずれにしろ、資産運用を目的として投資家は持分を購入します。

収益不動産であれば共有した瞬間から持分相応の家賃収入を獲得できるので、投資商品としての価値があります。

また、共有者が住んでいたり、もしくは空き家であったとしても、他の共有者の持分を買い取る交渉などをして、共有名義を単独名義に変更、収益化したり他者へ売却し、利益を得ることを目指します。

このような運用をする投資家や業者は増えていて、不動産の共有持分に対するニーズが着実に高まっているのを現場で感じています。

注意したいのは、誰に買い取られるかによって、他の共有者に与える影響に差が出てくることです。買い取ってくれる相手は慎重に選ぶべきでしょう。このことは、第3章で紹介する事例の中で詳しく紹介します。

過半数は、共有者数ではなく持分比率

管理行為や賃貸契約は過半数の同意によって行えるとありますが、この過半数というのは単純な共有者の人数のことではなく、持分比率を意味しています。

例えば、次のような持分比率の共有名義不動産があるとしましょう。

「母が2分の1、子ども3人それぞれが6分の1ずつの持分比率の不動産」

図表８　持分比率

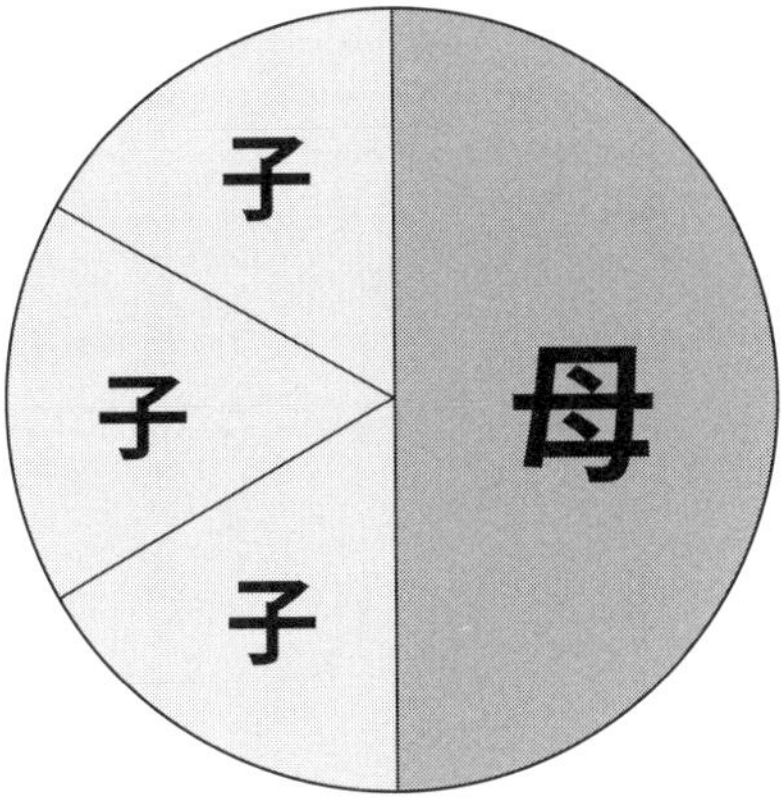

母が２分の１、子ども３人が６分の１ずつの持分の場合、母と子１人の同意があれば、過半数の同意が得られたことになります。

このような４人による共有関係にあって、管理行為や賃貸契約を行う場合、例えば母と、子どもの誰か１人が同意すれば、持分全体の半分を超えるので実行可能になります。同意者が３人以上でなくてもかまわないのです。

極端な話、10人で共有している不動産でも、そのうちの１人の持分が50パーセントを超えていれば、その人の判断で管理行為や賃貸契約までなら行えるということになります。

事例「姉が勝手に喫茶店を始めた」

さらに踏み込んで、実際にあった次の事例について考えてみましょう。

「亡き母から相続した３階建てアパートを姉弟の４人、４分の１ずつで共有しています。

これまで共有者は誰も住んでおらず、賃貸契約で貸し出し家賃収入を得て、4人の均等割で賃料収益を分配していました。

ところが先日、姉が突然、長い間空き部屋だった1階の1部屋を使って『喫茶店を開く』と言い出しました。しかも私たちが承諾する前に独断で改装工事を始めてしまったのです。

姉は『私は持分を持っているのだから家賃は払わない』と主張しています。姉の言い分を受け入れるしかないのでしょうか?」

アパートの1部屋を喫茶店に変えることは部分的なリフォームである「管理行為」に当たり、過半数の同意が必要です。この不動産は4人均一の持分比率ですから、過半数である3人以上の同意がなければリフォームは許されません。

にもかかわらず単独で改装工事を始めてしまったお姉さんの行為は、不法行為に該当します。

喫茶店オープン後にお姉さんの弁護士事務所から「喫茶店を経営する」旨の書面が届いたそうです。さも合法のように感じられ、相談者さんも諦めかけていましたが、実際のところは違法だったということになります。

さて解決方法ですが、違法なのでもちろん訴訟も可能です。しかし、姉弟の間柄ですから、関係を悪化させたくはないという本人の意向もありました。

本来であれば改装前の状態への復旧を要請したり、損害賠償を請求できる立場でしたが、穏便に済ますためそういった対抗手段は講じず、喫茶店の経営には同意し、その代わり持分比率に応じた賃料をお姉さんに請求することとなりました。

お姉さんを説得し、違法であったことを理解してもらった上で、弟の要求をのみ、賃料を支払うことを約束、トラブルが解決しました。

この事例では姉弟の関係が崩れることなく、円満なかたちで終わることができましたが、訴訟問題にまで発展し泥沼化するケースも少なくありません。

共有者一人ひとりに与えられている権限やルールをしっかり理解しておくことが、後々のトラブル回避につながるのです。

行方不明の共有者がいるときは？

不動産全体の売却をしたくても、共有者の1人が音信不通、行方知れずとなっているケースも数多くあります。

もし共有者の中に行方不明者がいて、共有名義不動産の変更行為や売却ができなくて困っているのなら、「不在者財産管理人を選任」したり「失踪宣告の制度を利用」するといった方法があります。

ただしこれらの方法を生かすにはいくつかの条件があります。ここで説明すると長くなってしまうので、共有者の中に音信不通者がいて困っている方は、第7章を参考にしてください。

共有関係に終止符を打つ「共有物分割請求」

いつでも「分割しよう」と提案できる

ここまでの内容を少し整理しましょう。

「将来のトラブルを回避するための最善策＝共有関係を解消する」

これは揺るぎのない事実であり、これまでにもさまざまな観点から紹介した通りです。共有関係の解消とはつまり「共有しない」ことになりますから、共有の反対語である「分割する」ことになります。

さてこの分割ですが、いつでも他の共有者に提案することができます。

これを「共有物分割請求」と呼びます。

請求というと堅いイメージが付きまといますが、単純に「分割しよう」と声を掛ける行為にすぎません。相続した不動産であれば、すでに説明した「遺産分割協議」を行えばいいわけです。

よって「現物分割（持分に応じて分割する）」「代償分割（共有者の1人が買い取る）」「代金分割（全体を売却して分配する）」のどれかを行うことになります。

「分割はしない」と反対されたら、このまま共有関係を継続するか、もしくは裁判所の力を借りることになります。

裁判所に分割方法を決めてもらうよう申し立てることを「共有物分割請求訴訟」といいます。

共有物分割請求訴訟の場合、原則として現物分割が採択されますが、分割が不可能だったり、分割すると目的物の価格が減少する恐れがあるときは、競売が実行され、代金が持分に応じて分配されます。

事例「第三者と共有することに」

家族間において裁判所の力を借りることは、お金や時間やその後の関係のことを考えるとできるだけ避けたい手段でしょう。多くの場合は家族間で話し合い、円満な解決を目指します。

しかし、ここに第三者が絡んでくると……大きくこじれることになります。

1つ代表的な事例を紹介しましょう。


「きょうだい3人で共有している家屋があり、次男の私と三男が住んでいます。ところが先日、兄から『自分の持分を第三者に売った』という連絡が入りました。今後私と三男はどうなるのでしょうか。兄の持分を買い取った第三者から『出て行け』と言われたら従わないといけないのでしょうか」


まず、お兄さんの取った行動について考えてみます。

お兄さんは投資家に自分の持分だけを売っています。自己の持分を売ることは単独でもできることはすでに紹介しました。

しかし、きょうだい間の共有関係を考えれば、事前の連絡なしに売却したことはまずいといえるでしょう。

持分を買い取った第三者のその後の行動はいくつか考えられます。

1　物件に住んでいる共有者に持分相当の賃料を請求する
2　他の共有者にも買取交渉し、単独所有を狙う
3　他の共有者に買い取ってもらうよう交渉する

持分を持っているのですから、共有名義不動産に住むこともできますが、そのケースはまずないと思っていいでしょう。

そこで「1」にあるように家賃を請求する可能性は十分にあり得ることです。もし請求に対して住んでいる共有者が「払えません」と拒んだ場合、共有物分割請求訴訟を起こすものと予想されます。

「2」は単独所有とした後に売却するというパターンです。持分ごと別々で買った金額よりも、一括で売却した金額の方が高くなるので、その差額で利益を出す計画であり、正当な資産運用の方法です。

「3」も同様に利益が出るよう、自分が買い取った時よりも高値で買い取ってもらえるよう働きかけてくるでしょう。

「2」にしろ「3」にしろ、「相続した家を売る気はない」「資金に余裕がない」と他の共有者が交渉を拒んだら、やはり結局は共有物分割請求訴訟になります。

家屋といった建物系の不動産は現物分割が難しいので、裁判所は競売の判断を下すことになるでしょう。

親から相続した想い出の詰まった家を、相続人たちの意思とは関係なしに、第三者へ手放すことになってしまうのです。これほど悲しいことはありません。

持分を売ったお兄さんには何ら被害が及んでいませんが、残りの共有者である次男と三男は訴訟に巻き込まれ、予想外のエネルギーをそこに注ぐことになってしまいます。きょうだい間にも亀裂が入ってしまうことも考えられます。

相続に伴う共有名義不動産が増えている昨今。また、これに伴い持分買取での収益化を図る投資家や業者が増えている中で、十分起こり得るつらいケースの1つです。

分割を阻止する「共有物不分割登記」

共有物分割請求を利用すればいつでも分割ができる、と紹介しましたが、逆にこれを阻止して共有状態を一定期間にわたって継続させることもできます。

「共有物不分割登記」といって、共有者全員で「○年間は分割できないようにしよう」と決めて、その旨を登記簿に明記する方法です。

期間は最大で5年間まで設定できます。その期間中、共有物分割請求を行うことはできません。

当然共有者は誰も自己持分を売却することができないわけです。「共有者の1人が他者に売ってしまって面倒なことになった」といった事態を防ぐことができます。先ほどの事例のようなつらい結末を招くのを防ぐ手立てになります。

持分ごとに売るよりも全体で売った方が高くつきますし、「今は売らないが数年後には売ろうね」というときに有効な方法です。

2つの「請求」の合わせ技

遺留分や共有物分割請求について説明したので、これらに絡んだトラブル事例を紹介しましょう。

特殊な事例ではありますが、これらの意義を知る上では大変参考になります。

事例「死んだ夫に愛人がいた」

「私は夫との二人暮らしでした。子どもはいません。

夫が亡くなり、四十九日がすぎ、悲しみもだんだんと癒えてきたころに財産整理を行ったところ、夫の遺書が見つかりました。

そこには驚愕《きょうがく》の事実が書かれていました。

なんと夫には愛人A美がいたのです。しかも夫の所有しているマンションの一室を『A美に遺贈する』という内容が遺書には明記されていました。

このマンションは私たち夫婦が住んでいたものとは別で、所有していることは知っていたのですが、まさか愛人を囲っているとは想像していませんでした。

マンションから出て行けとは言わないですが、私も夫の妻であった立場ですから、マンションの一部を所有する権利はあるのではないかと思います。

それとも夫の遺言に従い、マンションはA美の全所有になるのでしょうか」


遺留分を行使するケースというのは往々にして、被相続人と相続人の間にわだかまりがあったり、共有者（相続人）たちの仲が良好でなかったりといったケースが多いものです。「○○には遺産を渡したくない」「○○に全て持っていかれるのは納得がいかない」という私的な気持ちが強いというわけです。

事例もそれらの1つといえるでしょう。しかも仲の善しあし以前の問題で、見ず知らずの女性と遺産を共有し、モメることになってしまいました。しかも亡き夫の愛人というから堪りません。

亡くなる直前は愛人に入れ込んでいたのかもしれませんが……長年連れ添った妻とすごした時間もかけがえのないものであったはずです。

たとえ遺言書で「マンションは愛人のA美に遺贈する」とあっても、妻である相談者さんにも一部を受け取る権利はあります。それが遺留分というものなのです。

事例における相談者さんの遺留分ですが、法定相続分では全ての財産を引き継ぐ権利を有していました。加えて遺留分は2分の1ですから、相談者さんのマンションに関する遺留分は2分の1ということになります。

つまり相談者さんが遺留分減殺請求を主張することで、マンションは相談者さんと愛人A美さんによる半分ずつの共有関係になるというわけです。

共有関係からの分割請求

共有関係となったマンションには、相談者さんもA美さんも住む権利を有しています。

といっても、すでに住んでいるA美さんと相談者さんが同居することは考えられないですし、A美さんを追い出して相談者さんが住むのも無理がある話でしょう。

住んでいるA美さんに対して持分に応じた家賃相当額を請求するという方法もあります。

例えば家賃が30万円という相場なら15万円の支払いを要求できます。

しかし、これも現実的ではありません。A美さんにいきなりそんなお金を払う余裕などないはずです。

持分だけ主張し、何もアクションを起こさないという手段もありますが、これは問題の解決を先延ばしにしただけにすぎず、次の代へと相続したときにトラブルの原因となってしまいかねません。不本意の共有関係は早めに解消するに限ります。

この段階で利用するのが共有物分割請求です。裁判所へ申し立てることで、共有物であるマンションを分割するための方法が模索されます。

不動産の分割方法は競売になるケースがほとんど。判決により競売となると、マンションに住むA美さんは出て行かなければいけません。これを食い止めるには、代償分割によってA美さんが相談者さんの持分を買い取る（遺留分相当額を支払う、とも言い換えられます）ことになるのですが、数千万円という金額を考慮するとこれも厳しい話です。

良策の全体売却

以上の点を相談者さんにもA美さんにも理解していただいた上で、ベターな策として提案できるのが「全体売却」です。全体売却とは、後で説明しますが、共有者全員が一緒に売ることです。

競売ですと通常の不動産売買よりも取引価格が下がってしまうのが相場ですし、裁判所を通すので時間や費用もかかります。それを避けたいのであれば、相談者さんとA美さんの承諾の後、適切な方法で売却することが望ましいのです。

無事に売却が済んだら、売却金を2人で半分ずつに分配。これで一件落着になります。

このように、遺留分減殺請求と共有物分割請求を組み合わせることで、遺留分相当の金額を取得することができます。

不動産の共有名義を解消する6つの方法

絶対に押さえたい持分の手放し方

ここまで、共有名義不動産に関するトラブルについて、共有関係になる前にしておきたい対策や、共有関係後に行うべき解決策を紹介しました。

第3章以降では、空き家や収益不動産などテーマごとに、共有名義不動産に関するさまざまなトラブル事例を挙げていきながら、紹介してきた解決法をどのように活用していくかを説明していきましょう。

ここまでの総括として、共有関係を解消するための6つの方法を復習しておきましょう。

1　全体を売却する

共有者全員が合意の上で行う、不動産全体の売却です。売却後、持分比率に応じて、売却金が共有者に分配されます。

最も不公平のない理想的な共有関係解消方法といえるでしょう。逆にいえば、全体が売却できるのならそもそもトラブルなんて起こりません。

「売りたくない」「金額に納得いかない」と反対する共有者がいたり、音信不通の共有者がいたりすれば、「全体売却」は難しくなります。

2　一部を売却する

自分の持分だけを、共有者以外の第三者に売却する方法です。

他の共有者の合意が必要なく、自分の意思で売却できる点が最大のメリットでしょう。

ただし、全体売却による分配金よりも、一部売却は減価されるのが一般的です。

また、第三者に持分が移ったことで、他の共有者とモメるケースもあります。トラブル発生を避けるためにも、買い手を事前に吟味してから売却しましょう。

3　持分を移転する

共有者間で持分の売買を行い、単独所有によって共有関係を解消する方法です。自分1人の名義とするために他の共有者たちの持分を買い取ったり、もしくは他の共有者1人の名義にするため自分たちの持分を買い取ってもらう、ということです。

この方法は買い取る資金がないとまず成立しません。また双方が納得できる金額にしないといけません。

「知った仲だから」と安い価格で売買するのはご法度です。税務署に贈与と見なされ、買い受けた側が贈与税を負担することになってしまうかもしれないのです。取引金額の設定には気を付けましょう。

珍しいケースとして、売買ではなく交換による持分移転もあります。ただこれにも条件があり、持分を有する財産が複数ないと成立しません。

4　持分を放棄する

持分を放棄し他の共有者に譲る方法です。3人で共有していた共有名義不動産が、1人放棄して2人の共有になる、といったかたちです。

何も見返りを求めずに手放すことになるので、共有関係解消方法の中では最も選ばれにくい方法といえるでしょう。そもそもこの方法を選べるのであれば、トラブルにはなりません。よって本書でも、放棄して解決する事例は登場していません。

5　土地を分筆する

分割方法の中にあった現物分割です。1つのものを共有者の数の分だけきっちり区分けし登記することになります。建物でこのように分割するケースは極めて少なく、土地の分筆が大部分を占めます。

現物分割のところでも触れましたが、この方法の難しさは「どう分割するか」にあります。共有者の持分比率通りに面積を分けたとして、必ずしも各土地の価値も比率通りになるとは限らないのです。

不動産鑑定士ら専門家の力を借りる必要があるでしょう。

6　共有物分割請求訴訟をする

これまで紹介した方法での解決が困難なとき、裁判所に共有物分割請求訴訟を申し立てることで共有関係を解消することができます。

詳しいことはすでに紹介しているのでここでは省くとして、この方法はメリットとデメリットが明確に見えています。

メリットは、最終的に必ず何かしらの方法で分割できることです。そしてデメリットは、裁判所に判断を委ねるため、必ずしも自分の希望の分割方法になるとは限らないことです。競売になることが多いのですが、相場よりも減価されて売られるケースが多いことは覚悟しておくべきでしょう。また訴訟に伴う費用がかかりますし、それなりの時間も要することになります。

まさに最終手段といえる方法です。できればこれまでの5つの方法のどれかで決着させたいところです。

人間関係で決まる解決方法

どの方法にも、際立った特長と懸念すべき点が存在することは踏まえておきましょう。

その上で、自分のケースではどの解消方法が望ましいかをよく吟味したいところです。多くは他の共有者との関係性に左右されるのではないでしょうか。

話しやすい間柄なら全体売却を提案検討したいですし、あまり仲の良い間柄とはいえないなら自分の判断で行える一部売却が良いでしょう。資金に余裕のある共有者がいれば持

図表９　不動産の共有名義を解消する６つの方法

	特　長	懸　念　点
全体売却	一部売却に比べて売却時の取り分は多くなる傾向	共有者全員の合意が必要
一部売却	自分の意思で売却可能	全体売却に比べて売却金は安くなる傾向
持分移転	第三者の介入がなく、共有者間で売買・交換し解決できる	買い取る共有者には相応の資産が必要
持分放棄	持分が他の共有者へ無償で移動するかたちに	放棄のため物質的な利益はない
土地分筆	手放すことなく自分の所有にできる	不公平なく分割するには専門家の意見が必要
共有物分割請求訴訟	最終的に必ず分割できる	希望通りの分割方法にならないことも

分移転も一考に値します。

第３章からさらに紹介していく事例は、実際に相談に来られたトラブルです。具体的な事例を通して理解を深めていくことで、共有名義不動産に絡むトラブルの深刻さを知るとともに、より実践的な知識を得ることができます。

第3章

親から相続した住まいでモメています

家族の思いが詰まっているからこそ難しい

多様化する実家の受け継ぎ方

かつて実家といえば「長男が継ぐもの」といわれている時代がありました。実家には家業があり、それを継承する長男が自動的に家の管理も任されるのが自然の流れでした。長男がいない家庭でも、婿養子を迎え、その人を大黒柱として家は代々守り継がれてきました。

遺産分割協議や相続登記などを行わなくてもトラブルにならなかった時代の話です。暗黙のうちに実家は長男の名義となり、共有関係は有無を言わせず自然解消されていました。

しかし、時代が進むとともに様子は変わってきました。進学や就職を機に子どもたちは実家を出て、それぞれ家を持ち、家族を築く、核家族の時代が到来したのです。

「家は長男が継ぐべき」という思想は過去のものとなりました。長男が家業を継ぐケースが少なくなった現代、両親が亡くなった後の実家の処遇は多様化しています。

相続によって実家が共有名義不動産となったとき、相続人である共有者たちによる実家への対応は、大きく次の2つに分けられます。

1つは誰かが住む。

もう1つは空き家にする。

空き家については次章で深く掘り下げていくとして、本章では相続した住まいに関して起こり得るトラブルと、その解決方法について紹介しましょう。

自分が育った家を安易に売るなんて……

誰かが住むか、空き家にする。

この2つしかないと紹介したばかりですが、実はもう1つの選択肢があります。

それは「売る」です。

しかし、自分の立場に置き換えて考えてほしいのですが、親が亡くなり相続が発生した直後に、「実家は売ろう」なんて思いきった決断ができるでしょうか。

仮に自分が「売ってもいい」という意見であったとしても、共有者の誰かが「実家を売るなんてできない」と猛反対するかもしれません。主張がぶつかり合い、時に家族の関係に溝ができてしまうこともあるのが相続なのです。

「自分が育った家を売るなんて」「親が頑張って建てた家なのだから」という気持ちは、相続した人たちの多くが抱える心情です。

もし売ることになったとしても、想い出のいっぱい詰まっている場所ですから、できるだけ価値を付けてほしいものです。安価でほいほいと売却する気持ちは毛頭ありません。必然的に、売るとしても買い手が付くまでに相当の時間を要します。一向にこちらの希望を満たした買い手が見つからないケースもあるでしょう。

したがって、しばらくは誰かが住むなり管理するなりしないといけないわけです。手入れをしないと住まいは見る見る劣化していきますから、空き家にするのは得策ではありません。

実家に住む人は、何も共有者とは限りません。例えば地元に残っている親戚だったり、あるいは親族外の人物に貸すこともあるでしょう。これに端を発するトラブルも考えられるのです。

「売れないだろう」と諦めている

これから紹介する数々の事例は、相続した住まいを共有名義不動産としたために起きているトラブルです。

「共有名義不動産とした」というよりは「何も話し合わなかったので、勝手に共有関係になっていた」というケースが少なくありません。

これらの解決策は、共有関係を解消するしかありません。具体的には、前章でも紹介した通り、「持分を売る」ということになります。

これまで住まいの相続に伴うトラブル事例を数多く扱ってきましたが、1つの共通点があることに気付きました。

実家を共有で相続した方々の大半は、「一応相談してみようか」といった面持ちで相談にいらっしゃいます。「家も古いし、場所も場所だし、売れるわけないよね」と諦め半分なのです。

もちろん土地には需要というものがありますから、売れるものと売れないものがあるでしょう。

しかし、今や不動産の価値の測り方は多様化していますし、資産運用にも次々と新しい方法が提案されているので、「こうだから売れない」というセオリーも崩れてきているのです。

ですから「売りたいけど……売れないだろうな」と諦めて行動しないよりは、共有名義不動産の扱いに強いところへまず相談してみることをお勧めします。

では実際に、どのようにトラブルが発生し、どのように共有関係が解消されるのか。そして、購入された持分はどう運用されていくのか。事例を通して、理解を深めていきましょう。

「税金払え」VS「家賃払え」

共有者の権利と義務

これまでも述べてきたように、共有名義不動産とはその名の通り、1つの不動産を複数の人間が共有している状態を意味します。したがって各共有者は「この不動産は自分のものだ」と言い張れる権利があり、また持分比率に応じたさまざまな恩恵を受けることができます。

例えば共有者の誰かが無断で売ってしまった場合、持分比率に応じた売却金の一部が当然のように共有者全員へ配分されるべきです。もしくは「無断で売るのはルール違反だから、キャンセルして取り返してほしい」と主張することもできます。

他にも、共有者の誰かが第三者に貸し出して家賃を得ていたら、これの一部を受け取る権利もあります。

共有者は以上のような権利を有しているのですから、その反対にある義務も忘れてはいけません。

義務の代表といえば納税です。固定資産税は持分比率に応じて払う義務が生じます。また不動産の維持費や修繕費、改装費の費用も、共有者たちで負担を分け合うのが原則です。

「権利を主張したら義務も負う」

これは共有名義不動産においても当然のルールです。

事例「兄から税金支払い要請が」

さて、以上の前提を踏まえて次の事例を見てみましょう。4人きょうだいの次男の方からの相談です。

「母が亡くなり、一軒家を遺産分割協議によって、きょうだい4人で持分4分の1ずつ相続、長男である兄が住むことになりました。固定資産税などの税金も兄が負担し、私や弟たちは一度も払ったことがありません。

また、名義は4人の共有ですが、今まで兄と他の3人との間で住まいに関連した金銭の授受は1円もありません。

そのような関係が続いて十数年、突然兄が『そろそろ税金の支払いを4人で均等にしよう』と言ってきました。

住んでいない私たち3人に税金の負担義務があるのでしょうか？」

今まで一度も請求されたことがないのに、あるとき急に「税金負担を共有者で均等に分けよう」と提案。背景には税金を長く負担してきたお兄さんの、金銭事情が絡んでいるようです。他の共有者にとっては「なぜいまさら突然？」という疑問符が消えないことでしょう。

各々の内情はひとまず置いておくとして、冒頭で紹介した通り、共有名義である限り税金は各自の持分比率に応じて負担しなければいけません。この点で、お兄さんの「均等にしよう」という提案は正しいことになります。

結論「どっちもどっち」

一方、支払い義務を負うことになった3人は、共有者として持っている次の権利を当然のように主張することができます。

「それなら持分比率に応じた賃料を払ってくれ」

もしお兄さんの住んでいる住まいの相場家賃が20万円に相当するなら、共有者それぞれが受け取ることのできる賃料は5万円ずつ。これをお兄さんは弟たちに支払わなければいけません。

また相続発生以降、長男以外の共有者3人は、持分を所有していることの対価を長男から受けていないので、「賃料相当損害金」を請求することができます。

ただ、さかのぼって過去の権利を主張しても時効の問題が出てきますし、争点を増やすことは火に油を注ぐようなものです。

結局のところは「どっちもどっちだね」という結論で終わります。

「長男は共有者に賃料を払わない。だから他の共有者も、税金は負担しない」

これでおあいこというわけです。

実際、きょうだい4人の話し合いでは感情が交錯し合い話がまとまりませんでしたが、専門家が説明することでお兄さんには納得していただき、引き続き居住者であるお兄さんが税金を負担することになりました。

「税金を払え」と突然言われたら、返す言葉は「家賃を払え」です。共有者として持っている権利と義務はしっかり把握し、共有者間でのトラブル発生を回避できるようにしておきましょう。

実家は、親の面倒を最後まで見た人のモノ？

平等は不平等

相続発生時、被相続人による遺言がなく、また遺産分割協議で細かい分割が行われていない場合、相続した財産は法にのっとった持分で共有になります。

例えば親が亡くなり子ども3人に相続されれば、各持分は3分の1です。

これは一見すると平等なのですが、各共有者の内情を探ってみれば、「不公平だ」と感じている人も少なくありません。

代表的なのが、社会問題として取り上げられることも多い介護関連でしょう。

「最後まで親の面倒を見てきたのは私。持分を多めに取れないのは不公平だ」

相続時にそのような感情を持つ人がいても不思議ではないのです。

親の介護は自身の人生の一部を切り取って行うものであり、大小あれど何かしらの犠牲や我慢を要するものです。しかも長期にわたるほど心身に支障を来しますし、難度が高いものだと仕事を辞めざるを得なかったり、大きなストレスの中でつらい生活を強いられることにもなってしまいます。

相続時に介護から解放され「姉弟だから等分だ」と言われても、親の面倒を見てきた人は納得できないのです。

「介護をしたのだから、多めに遺産を継ぎたい」という理屈が通るかどうかは遺産分割協議、つまり相続人たちの話し合いによって決まります。

多くの家族の場合は「そうだよね。姉さんが最後まで面倒見てくれたんだから。姉さんには分配を多くしてあげよう」といった結論に落ち着きます。

しかし、仲が良くないきょうだいですと、うまく話はまとまりません。その一例を紹介しましょう。

事例「共有者に出て行けと言われている」

「私は3人姉妹の長女で、父名義の一軒家に父と同居し、長年介護してきました。

父が亡くなり、姉妹で相続について話し合ったところ、妹たちから次のように言われました。

『父名義の家に住む権利はないのだから出て行くべき。住みたいのなら私たちに家賃を払うべきだ』

『私が親の面倒を最後まで見てきたのに……』という不満はありますが、そういうルールなら従わなければいけないのかなという気持ちもあります。

私は実家を出なければいけないのでしょうか。もし出て行かず住み続ける場合は、妹たちに家賃を支払わないといけないのでしょうか」

事例では、お父さんの生前、相談者さんである長女がお父さん名義の建物に無償で居住していました。

この事実から、お父さんと相談者さんの間で「使用貸借契約」が成立していたと解釈されます。

使用貸借契約というのは、有償で交わされる「賃貸借契約」の逆に当たり、すなわち無償で借りることを許されていたというわけです。

一方、ここで思い出したいのが共有関係にある不動産のルールです。

お父さんが亡くなった時点では遺産共有状態なので、相談者さんは持分3分の1を保有していることになり、持分を持っている以上、実家に住み続けることは可能なのです。

他方、自己の持分3分の1を超えた実家全体を使用していることによる2人の妹さんからの賃料相当額を請求される問題は残ります。

明け渡しの条件

他の共有者が、不動産を使用している共有者に出て行くよう要求。共有者に明け渡しを迫っているわけです。

それでは過半数の賛同によって行える賃貸契約の解除は、共有者への明け渡し要求時にも適用されるのでしょうか。

これは法律では具体的に言及されているケースではありませんが、過去の判例において参考となる、次のような判決（最高裁・1966〈昭和41〉年5月19日）があります。

「他の全ての相続人らがその共有持分を合計すると、その価格が共有物の価格の過半数を越えるからといって、共有物を現に占有する前記少数持分権者に対し、当然にその明け渡しを請求することができるものではない。（中略）多数持分権者が少数持分権者に対して共有物の明け渡しを求めることができるためには、その明け渡しを求める理由を主張し立証しなければならないのである」

つまり、明け渡しのためのきちんとした理由を他の共有者が提示できなければ、相談者さんは家を出る必要はないと解釈できます。

その「きちんとした理由」の基準というのは判例では示されていませんが、少数持分権者だからといって、「出て行け」と言われたら泣く泣く従う、という神も仏もないような結末にはなり得ないことは確かです。

家賃はどうなる？

出て行く必要はないとして、住み続けるためには他の共有者へ持分比率に応じた家賃を払わないといけないのでしょうか。

結論から言えば、これもノー。家賃は発生しません。

こちらも実際の判決（最高裁・1996〈平成8〉年12月17日）があります。

「共同相続人の1人が相続開始前から被相続人の許諾を得て、遺産である建物において被相続人と同居してきたときは、特段の事情のない限り、被相続人と右同居の相続人との間において、被相続人が死亡し相続が開始した後も、遺産分割により右建物の所有関係が最終的に確定するまでの間は、引き続き右同居の相続人にこれを無償で使用させる旨の合意があったものと推認されるのであって、被相続人が死亡した場合は、この時から少なくとも遺産分割終了までの間は、被相続人の地位を承継した他の相続人などが貸主となり、右同居の相続人を借主とする右建物の使用貸借契約関係が存続することになるものというべきである」

事例に置き換えれば、お父さんの死後も相談者さんは無償で使用することを許されているという解釈になります。遺産分割が終わるまで賃料は発生しないのです。

もし被相続人であるお父さんが、「出て行け」「家賃を払え」とモメている姉妹たちの姿を見たらどう思うでしょうか。世話をしてくれた長女が自分の死後いきなり宿無しになってしまうことを望んではいないはずです。

これらの判決はいわば、故人の遺志を推測し尊重したものであるといえるでしょう。

ただし忘れてはいけません。相続人たちで遺産分割協議を行い、共有関係になるにしろ、売却するにしろ、その後の不動産の在り方が決まり次第、使用貸借契約関係は解除されます。

親と同居し世話をしていたからといって、その人の意思だけでいつまでも住み続けるということもできないのです。

不公平感をなくす「寄与分」

多めに財産を相続できる特例

前項で紹介した事例は、介護で最後まで父（被相続人）の面倒を見てきた長女が不公平を感じる事例でした。

このような不公平感をなくすために「寄与分」というルールが民法で定められています。寄与分が認められた相続人は、他の相続人よりも多めに財産を受け継ぐことができます。

例えば次のような場合、寄与分は認められます。

- 被相続人の事業を手伝い利益に貢献していた
- 被相続人の看病や介護に尽力していた
- 被相続人の生活に必要な資金を工面していた

これらは一例であり、寄与分として認められるケースは他にもありますが、要するに被相続人の生活に欠かせない役割を担ったり、利益を出すことに協力していたことがポイントになります。

寄与分の額は、原則として相続人全員による協議で決められます。もし話し合ってもまとまらなかった場合は裁判所にて審議を行って最終決定になります。

そして決まった寄与分の額を控除した残りを相続財産とし、相続人たちで分配することになります。

寄与分が認められたケース

分かりやすいシンプルな事例を紹介しましょう。

「被相続人は９０００万円の財産を遺し、妻と長男と次男が相続する。長男は被相続人の看病を行い、また被相続人の店を手伝った」

まず、寄与分を考慮しない場合の各人の相続額を算出してみましょう。

被相続人の妻が半分の４５００万円。さらに残りを子どもで分け合うので、長男と次男は２２５０万円を相続することになります。

続いて寄与分を考慮しましょう。長男は被相続人を看病し、なおかつ事業を手伝っています。

協議したにしろ裁判所を介したにしろ、結果的に１０００万円の寄与分が認められたとしたら、各人の相続額はどうなるでしょうか。

まず相続財産９０００万円から寄与分１０００万円が控除されます。

そして残りの８０００万円で、先ほどと同じ計算が行われることになるのです。

すなわち、妻が４０００万円で、次男は２０００万円です。

そして寄与分が認められた長男は、相続の２０００万円にプラスして寄与分の１０００万円、合計３０００万円を取得することができます。

認められないケースも多い

寄与分は遺産分割協議での大きな争点になります。

相続人間での協議で解決しようとする場合、仲が良好であれば全員の賛同の下、寄与分は認められますが、犬猿の仲なら円滑にはいかないでしょう。

「これだけ親の面倒を見たのだから、1000万円寄与分として認めてほしい」

「せいぜい300万円程度でしょ」

「生活に必要な物を俺が負担したんだ。それだけでも500万円は軽く越えるよ」

「それってただの生活費だから寄与分には入らないんじゃないの？」

といった議論が繰り返され、相続人たちだけでは堂々巡りとなってしまうケースも多いわけです。

そこで裁判所の力を借りることもありますが、結局寄与分として認められないことも多々あります。全員にとって時間やお金を余計に浪費して終わってしまうことも少なくありません。

財産を平等に分配するために設けられている特別救済ルールではありますが、これがかえって事態をややこしくしてしまうこともあるわけです。寄与分の取り扱いにはくれぐれも注意したいですね。

遺言書の効力

生前対策の代表格の威力とは

相続に伴う共有トラブルを引き起こさないための最善で簡単な対策といえば、被相続人監修により作成する遺言書です（詳細は第2章）。

しかし、遺言書の発見が遅れてしまったり、遺言書の内容があいまいだったりすると、相続人の間で思わぬトラブルを起こしてしまうこともあります。

遺言書がどれだけの効力を持つかの参考にもなるので、事例を通してこれらトラブルについて考えていきましょう。

事例「持分売却後に遺書を発見」

「親の遺した価値2000万円相当の土地を兄と弟の私2人で相続しました。半分ずつの権利が持てるということだったので、私に使う当てもないですし、相続登記前に知り合いに自分の持分を800万円で売却しました。

ところがその後、親の遺言書を発見。私には土地の所有権が一切なく、兄が全てを取得するとなっていました。
この場合、知り合いへの売買は成立したことにならないのでしょうか。お金を返す必要はありますか」

遺言書の内容に従うのは原則。よって相談者さんの売却は無効となり、800万円を返さないといけません。

売却直後に遺書が見つかったのは幸いでした。もしこれがだいぶ後、相談者さんが800万円を使い切ってしまい、購入した知り合いの方が土地に関して使用プランを立てている真っ最中であれば、よりややこしいことになります。お兄さんや知り合いの方から訴訟を起こされる可能性もあったのです。

売却は無効であるとして、相談者さんが遺言書に全面的に従わないといけないかといえば、決してそうではありません。相談者さんには遺留分があり、最低4分の1を所有する権利があります。

またきょうだいで遺言書の存在を前提に遺産分割協議を行い、もし「やっぱりきょうだいで半分ずつにしよう」という合意が得られれば、きょうだいで土地を均等に所有することも可能です。ただ贈与税などが絡んでくる可能性もあるので、このケースはまれといえるでしょう。

この事例で学ぶべきは、遺産整理をきちんと行う前に売却に踏み切ることの危うさです。登記簿を見たらすでに他の誰かの名前が書かれている可能性もありますし、今回のように後になって遺言書が発見されることもあります。

たとえ「売ってほしい」と頼まれても、整理が落ち着くまでは決行しないようにしましょう。

事例「遺言書が2つあった」

もう1つ遺言書の絡んだトラブルを紹介しましょう。

「先日父が亡くなりました。相続人は私たち姉妹3人です。

評価額9000万円の土地について、父は遺言書を作成していましたが、なんと2枚見つかりました。

『長女、次女、三女に相続させ、同様の割合で共有する』

『長女と次女に相続させ、同様の割合で共有する』

後者の遺言書には三女に関する記述が一切ありませんでした。どちらの遺言書に従えばいいのでしょうか」

対象となる財産は同じものなのに、分け方が違う遺言書が2枚見つかったケースです。

これについては民法で次のように定められています。

「前の遺言が後の遺言と抵触するときは、その抵触する部分については、後の遺言で前の遺言を撤回したものとみなす」

後に作られた方の遺言書に従うということです。

遺言書を作成する際は日付の記入が必須。ここを比較すればどちらの遺言書を優先すべきかが分かります。

自筆証書遺言の場合は特に日付が大切で、これがないと遺言書と認められず無効となるのが基本です。

ちなみに事例の場合、もし後者の「長女と次女が相続」の遺言書が後に作成されていた場合、三女は遺留分を主張することができます。遺留分減殺請求によって金銭を得る権利は確保されています。

相続人たちが混乱しないために

遺言書を作成する際は、混乱を招くことのないよう、あいまいな記述を避け、遺留分も視野に入れておけるとベターです。

遺言書は非常に効力の高い存在です。より確実性の高いものを作るなら、専門の弁護士などに協力を仰ぐのが賢明といえるでしょう。

退去してほしいけど……これって違法？

事例「甥っ子との使用貸借契約を解除したい」

前に紹介した、親の介護をしていた相談者さんが他の共有者から「出て行け」と迫られている事例では、被相続人である親が亡くなった後も、遺産分割協議が完了するまで使用貸借契約は存続しているという見方がなされました。

では、次のような事例では、使用貸借契約は存続されるのでしょうか。3きょうだいの真ん中に当たる方からのご相談です。

「父が遺した住まいを、子どもである私たちきょうだい3人が相続しました。持分は3

図表10　退去してほしいけど……これって違法？

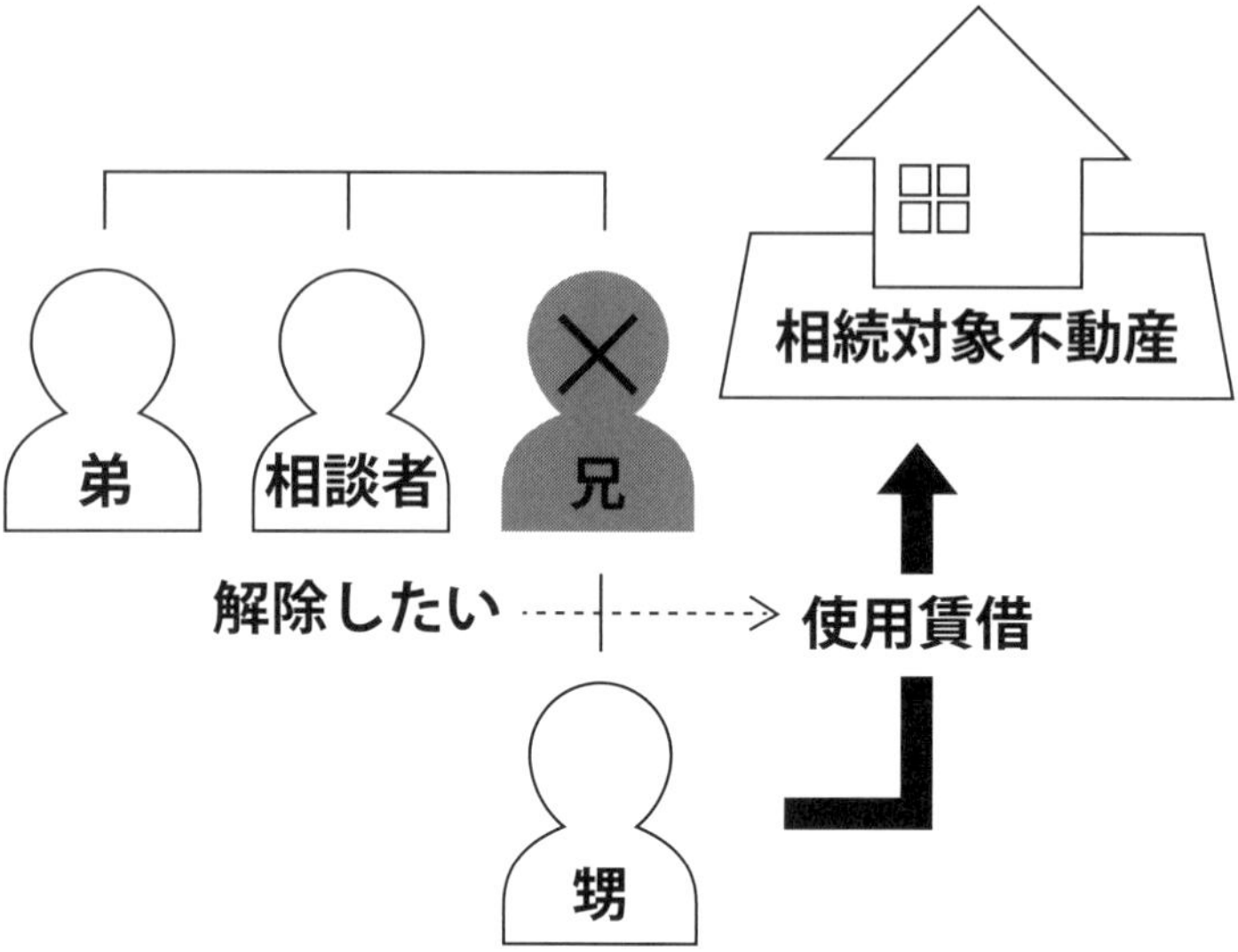

分の1ずつです。

長い間、住まいは兄の子どもが住んでいました。使用貸借契約とし、家賃などはこれまで受け取っていません。

先日兄が亡くなりました。兄の配偶者も他界しています。

私と弟は、兄の子どもとの使用貸借を解除し、住まいから退去してもらいたいと考えています。この場合、住んでいる兄の子どもの同意は必要でしょうか？」

この事例のポイントとなるのは、お兄さんが亡くなる前後の共有関係にあります。

お兄さんの生前、遺産分割協議によ

って住まいはきょうだい3人の共有関係にありました。事例にも書いてある通り、持分比率は3分の1ずつです。

さてお兄さんの死後、お兄さんの子どもに相続されたのは何かといえば、お兄さんが持っていた3分の1の持分です。

つまり、お兄さんが持っていた持分が子どもへと受け継がれたわけで、引き続き3分の1ずつの共有関係にあるということになります。

管理行為か否か

これらのことを踏まえて思い出してほしいのは、共有者に与えられている権限についてです。

「過半数の同意でできること」の中に管理行為、そして貸借契約の締結や解除がありました。

お兄さんの子どもとの使用貸借契約を解除することが管理行為に当たるのであれば、持分の過半数に当たるきょうだい2人の同意で可能となるわけです。

果たして使用貸借契約の解除が管理行為に含まれるのでしょうか。

そこで過去の判例をひもとくと、次のような判決（最高裁・1954〈昭和29〉年3月12日）

がなされています。

「共同相続人の1人が相続財産たる家屋の使用借主である場合、他の共同相続人においてなされる使用貸借の解除は、民法252条本文の管理行為に当たる」よって、きょうだい2人の同意があれば解除は可能ということです。

ただいきなり「出て行け」とできるわけではありません。共有者間できちんと話し合った上での最終決定が必須になります。

話し合いの結果、必ずしも退去とはならない可能性も考えられます。このまま契約を続け、賃料相当額をきょうだい2人に払い続けるという選択も残されているからです。

事例の他にも、管理行為（＝過半数の同意で行える行為）に含まれるかどうかが微妙なケースはよくあります。共有者間でまとまらない場合、裁判所の力を借りるのも1つの解決方法です。

売ることになっても、住みたいんです！

親の遺産が負の遺産に

不動産相続トラブルの1つとして、継承した不動産にかかる出費が重く伸し掛かってしまうこともあります。

固定資産税、管理費、修繕費などなど。不動産には多様な出費が付きものです。親の頃は景気が良くても、時代の流れによってはそれらの負担を自費では賄いきれなくなってしまうことだってあるのです。

「親が頑張って建てた家だから」と、借金をしてでも親の財産を守り抜こうとする人もいます。親が子どもたちのために遺した財産なのに、かえって大きな負担を背負わせてしまうという皮肉な末路です。

一方で、泣く泣く親から受け継いだ不動産を手放す人もいます。想い出のたくさん詰まった場所ですから、断腸の思いであることでしょう。

事例「相続した自宅が競売に……」

親が遺してくれたものを守りたい、でも維持していくのは金銭的につらい。そんな苦境に立たされ相談に来られた方の事例を紹介します。

「相続でマンションを持つことになりました。相続人は長男である私と妹の2人。共有関係となり、半分ずつの持分とし、私が家族と住んでいます。

これまで家賃相当額を妹には払わず、マンションにかかる出費は私が全て負担し、問題なく住み続けることができていました。

ところが、昨今の不況のあおりを受け、マンションの管理費や修繕費積立金が払えず滞納する事態に。その額およそ２００万円。今の収入ではとうてい賄いきれない金額です。マンション管理組合から自宅差し押さえの通達があり、競売を申し立てられる事態となって困っています。

競売になる前に、自分の判断で売却できることを知りましたが、共有者である妹の了承も必要になってきます。

競売前に売却し、滞納している２００万円を支払ってもお金は残るでしょう。それを元手に引っ越しをすることになるでしょうが、予算に見合った住まい探しをしなければいけないですし、子どもの学区の問題なども気掛かりです。

競売実行まで時間がありません。

親から受け継いだマンションです。売却することになっても、引き続きここに住めることが理想なのですが、難しいでしょうか」

競売まで待ったなしの状況でしたから、非常に困惑した様子でこの方は相談に来られました。

まず、「どうせ競売になるなら、自分で売却しなくてもいいんじゃないの？」という疑問を抱くかもしれません。

一般的に、競売は相場よりもかなり減額されて取引されます。それならば、然るべき不動産会社などを通して売却した方が高値が付くのです。ですからこの方も任意での売却を望んでいます。

また、相談者さんと妹さんとの関係は良好のようです。妹さんに家賃を払ったりしていませんし、不動産に関わる各種税金は住人である相談者さんが負担しています。「お兄さんが住んで大事にしてくれるなら何も不満はない」というのが妹さんのスタンスのようでした。

さて以上を踏まえた上で、この方にはどのような解決策があるのでしょうか。売却することになっても、住み続けることは可能なのでしょうか。

持分売却で一件落着

問題解決のため、相談者さんに次のような提案を行いました。

「自分の共有持分だけを売却して、引き続き相続したマンションに住みましょう」

ご自宅の市場価格を調査したところ、相談者さんの共有持分のみを売却すれば、滞納している管理費などを十分に全額返済できると判明しました。

相談者さんはとても驚かれていました。自分の持分だけを売れることをご存じなかったからです。

マンション管理組合と交渉し、競売の取り下げをしていただく一方で、投資家さんたちに買取交渉を持ち掛けました。

その結果、想定よりも高値で、相談者さんの持分を売却することができました。滞納分を差し引いても、手元にある程度のお金を残すこともできたのです。

つまり、現在ご自宅は、妹さんと投資家さんとの共有持分となり、共有者ではなくなった相談者さんが住んでいることになります。そして相談者さんが投資家さんへ、相場の半額に当たる賃料を支払う賃貸契約を結んでいる関係を築いています。

これまでマンションにかかった出費よりも低い負担で、相談者さんは引き続き住むことがかないました。

これによって、相談者さんが住居を移すことなく、滞納問題を解消することができたということになります。

無事にトラブル解決となり、相談者さんは大変安堵《あんど》し喜ばれていました。

投資家のスタンス

さて、投資家さんには半分の持分があります。ここから投資家さんの選択肢として、大きく3つが考えられます。

まず1つめは、妹さんの持分も買い取るという選択です。不動産全体を独占し、共有関係を解消するということです。

2つめは、妹さんや第三者に持分売却を持ち掛ける選択です。転売によって投資家さんは利益を得るという狙いがあります。

3つめは何もしないという選択です。引き続き半分の持分だけを維持し、賃料を受け取っていくことになります。これはこれで投資家さんにとってのメリットになります。

実は今回の場合、当初から3つめの選択肢を選んでくれる投資家さんに売却することを目的としていました。

相談者さんに災難が降り掛からないよう、穏便に事が運ぶような解決方法を模索しました。

結果として、「何もしない」というスタンスの投資家さんに買い取っていただくことがベストと判断しました。

その後も持分の売買が行われるようだと、住人である相談者さんにも面倒が起きてしまいます。そういった事態を避けるため、投資家さんにも条件を提示し売却をご提案したのです。

投資家さんに買い取られたからといって、必ずしも売買の材料に転用されるとは限りません。「持分を保持し続けて、賃料をもらっていく」というスタンスの投資家さんもいるのです。

離婚が招いた共有トラブル

年々増える離婚による相談

3組に1組の夫婦が離婚しているともいわれる現代。

結婚離婚に対する価値観は揺らぎ、かつては結婚したら最後まで寄り添うのが当然の様式のようでもありましたが、昨今ではお互いの人生のために離婚を選ぶことも何ら不思議ではなくなってきました。

しかし、一方で、離婚に伴う負担というものは無視できません。親権はどちらが持つか、財産分与はどうなるのか、周りにどう説明していくべきか。普段の仕事や家事と並行しつつ、これらに片を付けねばなりません。

いきなり結婚離婚の話から入りましたが、これら片を付けるべき事項の中には、夫婦が生活を共にしていた住居も絡んでくるでしょう。どちらが住むのか、それとも手放すのか、ローンはどうするのか、このような問題にも立ち向かわなければいけません。

離婚が絡んだ相談事は年々増えています。離婚に伴い発生してしまったトラブルについて紹介しましょう。

事例「亡き父の後妻とモメている」

「両親が離婚し、私は母に引き取られました。

その後、母は亡くなり、私は独立。しばらくして父はA子さんという方と再婚しました。

その再婚から半年後、父が突然亡くなりました。

父には土地と家の遺産があります。ほとんど面識のないA子さんと遺産分割協議をすることになったのですが、彼女は『この家と土地の半分は私のもの。だから売却して現金化する』と主張しています。

私としては家族とすごした想い出の場所なので手元に残しておきたいと伝えました。しかし『あなたは前の奥さんとの子どもなのだから、そんなことを言う資格はない』ときっぱり否定されてしまいました。

図表11　離婚が招いた共有トラブル

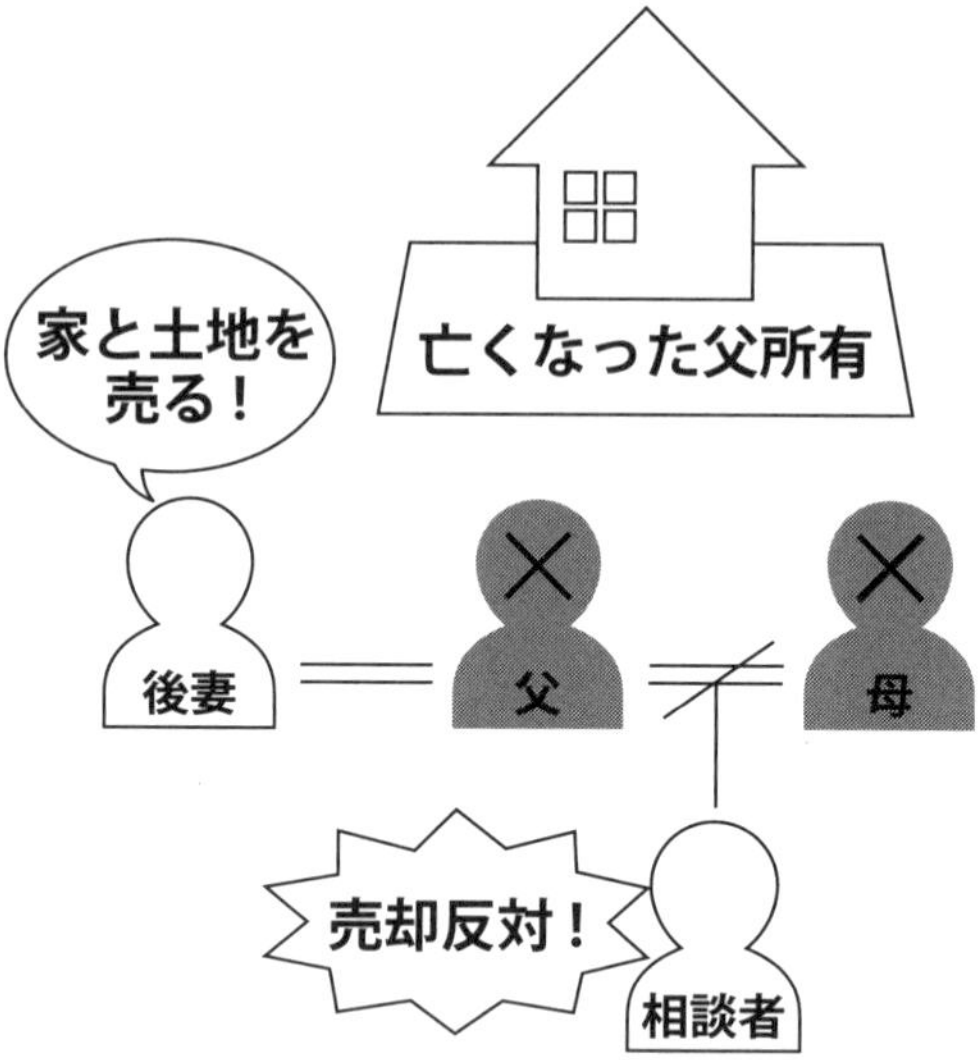

私はA子さんの主張に従い、持分を売却しないといけないのでしょうか。できることなら売りたくないのですが、なんとかならないでしょうか」

事例の解決方法を考える前に、まずは離婚や再婚に伴う相続のルールを押さえておきましょう。

まず、離婚した時点で、配偶者との相続関係は切れますが、子どもは継続して相続人になります。言い方を換えれば、婚姻の有無にかかわらず子どもは法定相続人なのです。

持分比率の原則も変わりません。

「離婚し独身のまま死亡。前妻と子どもも2人が健在」

この場合、前妻は相続人に当たらず、子どもたちが2分の1ずつ持分を有します。

「離婚し再婚後に死亡。前妻と、前妻との子が1人、さらに後妻と、後妻との子が1人健在」

この場合もやはり前妻に持分はありません。後妻に2分の1、そしてそれぞれの子どもに4分の1の持分が与えられます。

もちろん遺言書があった場合はそれをベースとして話し合いを進めていくことになります。

さて、事例の場合の持分はどうなるでしょうか。

両者の希望を満たす解決策

相談者さんの母はすでに亡くなっていますが、生死にかかわらず前妻なので相続には関与しません。

持分比率はシンプルで、A子さんと相談者さんの2分の1ずつになります。

ここでA子さんの主張を吟味してみましょう。

「家と土地の半分は私のもの」

「私の判断で売却して現金化する。あなたが意見する資格はない」

前者の主張は確かに正しいことになります。A子さんの持分は2分の1です。

しかし、後者については間違いです。共有のルールで紹介した通り、全体の売却には共有者全員の同意が必要です。

ですから相談者さんは売却を阻止する権限があります。もし相談者さんの意見を無視して勝手に売却したら、A子さんは不法行為をしたことになり、罪に問われる可能性も考えられます。

ただしA子さんの持分である2分の1であれば、自身の判断で売却することは可能です。

さて、相談者さんの願いはお父さんの遺産を手元に残しておくことでした。

ですから両者にとって最も望ましい解決策は明らかです。相談者さんがA子さんの持分を買い取ればいいわけです。

問題となってくるのはいくらで売買するか。A子さんはできるだけ高く売りたいでしょうし、相談者さんはできるだけ安く買いたいでしょう。相談者さんにどれだけ余裕資金があるかも関わってきます。

A子さんが交渉に前向きでなければ、持分買取は思うように進まないことでしょう。

持分売却は減価される

交渉が難航したらどうなるか。

A子さんは速やかに売却して現金化したい意向でした。ですから共有者の権限を利用し、自分の持分を第三者に売ったり、共有物分割請求訴訟を起こすことも考えられます。

しかし、いずれもA子さんの希望する額では現金化できないかもしれません。

なぜなら、持分の売却というのは全体売却時に比べて減価されるのが一般的です。おおよそ時価よりも3割程度目減りします。立地によっては購入希望者が出てこない可能性もあります。

訴訟を起こした場合は競売になることが考えられますが、これも時価よりは安くなるのが相場です。おまけに手間や費用も相当かかることでしょう。

こういった点をA子さんに過不足なく説明することで、A子さんの理解を求めました。

「生まれた家だから、何としても持っておきたい」という相談者さんは時価相当額でも持分を買い取りたいと言っています。これはいわば「お得」な買い取り額なので、A子さんは相談者さんに売却することがベターといえるでしょう。

結果として、相談者さんがA子さんの持分を買い取ることで着地しました。

騒動を見越した事前の対策を

離婚を経ることで相続人が増えるケースですと、各共有者の感情がより顕著となり、壮絶な「争族バトル」が勃発することも少なくありません。被相続人自身は彼らとつながりがあっても、相続人同士では面識がなかったり、仲が微妙であることも多いのです。

被相続人の死後、親族間で争いが起こることなんて誰も望みません。

最善策はやはり生前対策になるでしょう。遺言書の作成や生前贈与を視野に入れ、将来に備え共有関係をできるだけ回避する策を講じることが最善です。

ローンごと買い取ってくれますか？

事例「抵当権付きの持分を売りたい」

不動産の中には何らかの経緯で借金に伴う抵当権が付いている場合もあります。

まずはよくある事例を紹介します。

「2000万円相当の土地を兄と私、2分の1ずつの持分で相続し、兄が家を建てて住んでいます。

相続してすぐ、兄が事業資金の確保のため、土地全体を担保に入れてローン借入をしました。『兄さんがきちんと返してくれるなら』と私も承諾しています。

順調に兄は返済を行っているようで、特に問題はありませんでした。

しかしその後、私の方で早急に資金が必要となり、土地の持分売却を検討しています。

抵当権付きの持分となるわけですが、売却することは可能でしょうか？」

まれなケースのように見えるかもしれませんが、実はこの類いの相談はよく受けます。

「借りたのは他の共有者なんだから、自分の持分なら売れるよね？」

と当然のように売却を申し出てくる方もいらっしゃいますが、実際のところは違います。

ローン借入に伴う抵当権は不動産全体にかかっているのです。

共有者全員が借金を、持分比率に応じて背負っていると言っても過言ではありません。

仮に抵当権対象であることを無視して他者へ売却してしまったとしたらどうなるでしょうか。

債権者への支払いが滞ってしまったときにトラブルになります。抵当権の付いた不動産は差し押さえられてしまうのです。持分を購入した他者にとっては寝耳に水、参ってしまいます。

ですから抵当権付きの持分を安易に売却することはできません。

抵当権の負担付き売買

それでは抵当権付きの持分を売却することが無理かといえば、そうでもないのです。売却自体は可能です。しかし、問題となるのは、いわば「コブ付き」ともいえる抵当権付きの持分を買い取ってくれる人がいるのかという点になります。

事例の場合で考えていきましょう。

お兄さんは順調に借金返却を行っていて、相談時点での残債は３００万円でした。持分比率に応じれば、相談者さんの持分に被さっている抵当権は１５０万円相当ということです。

そこで投資家さんに、この抵当権が付いたままでの購入を提案します。

土地の評価額は２０００万円ですから、相談者さんの分は１０００万円です。持分売却ですし抵当権付きというのも考慮すると、評価額からは３割程度減価されるのが相場、７００万円前後が妥当と試算しました。この近辺の額にて買ってくださる投資家さんを探しました。

投資家さんサイドから見れば、抵当権相当の１５０万円の「リスク」を足した８５０万円の買い物をすることになります。

最終的に、希望の金額で購入してくださる投資家さんが見つかり、無事に相談者さんは700万円ほどの資金確保となりました。

抵当権付きを買うメリット

「投資家さんに抵当権付きの不動産をわざわざ買うメリットなんてあるの？」

と感じるかもしれませんが、ここで忘れていけないのは、取引によって土地は投資家さんとお兄さんの共有名義不動産になったということです。ここにいくつかのメリットがあるわけです。

投資家さんのその後の行動はいくつか考えられます。

まず1つとして、普通の持分買取と同様で「何もしない」という選択があります。ただし土地の持分を持っている以上は、お兄さんに賃料相当額を請求することができます。

もしお兄さんに賃料を支払う余裕がなかった場合、分割請求訴訟や買取交渉をすることもできるでしょう。

いずれにしろ投資家さんは不動産の一部や全部を持てますし、競売手続きにて全体売却するということも視野に入れることができるのです。

気掛かりの抵当権ですが、全体売却時には投資家さんが一括で返済し解消することができます。

そしてその後、投資家さんが債務者（事例でいうローン借入をしたお兄さん）に対して「代わりに弁済しましたよ」という「求償権」を行使することができます。

債務者の残債は変わりませんが、返す対象がローン借入をした金融機関から投資家さんへ移るという形式になります。投資家さんから見れば借金の肩代わりをしたことになります。

これによって、借金や抵当権に絡んで損をしている人はいません。それぞれがそれぞれの負担を全うすることになります。

投資家さんはさまざまなリスクを加味した上で持分を買い取ります。抵当権がないに越したことはないですが、そのリスクを背負っても、先々に利益の期待があると見込めた瞬間に手を挙げます。

抵当権の負担付き売買は共有名義不動産特有の取引かもしれませんが、ここに魅力と期待を感じている投資家さんもいることは事実です。

怪しい業者にご注意

安く買いたたかれることも

不動産だけでなく、本でも車でもブランドのバッグでも、売ろうと決めたらできるだけ高く買い取ってくれるところを探したいですよね。信頼性も高い買取業者ならなおよしでしょう。

しかし、中には「高価買取」をうたいながらも、できるだけ安く買いたたこうともくろむ業者がいることは、どこの業界でも同じです。

「不動産全体ではなく、持分だけを買い取ってくれるところなんてあるのだろうか?」

そう感じる方が多いようですが、実際に持分を買い取ってくれる業者はいくつもあります。

ただし最初に紹介した通り、買取業者ですから、できるだけ安く買おうとする傾向にあることは違いありません。

では、買取業者はどのように選べばいいのか。そもそも業者が持分を買い取ることのメリットは何なのかを事例を通して考えていきましょう。

事例「買取業者の査定は妥当？」

「父から相続した土地付きの一軒家を叔父と2人で共有しています。私の持分は6分の1です。

5年ほど前に叔父は離婚し、この家へ戻ってきました。以来一緒に住んでいます。困ったことに叔父は極度のアルコール依存症で、給料の全てをお酒につぎ込み、光熱費や食費といった生活費は全て私の負担です。固定資産税の支払いも私です。もう精神的にも限界なので、持分を売却して共有関係を離脱し、この家から出ようと決めました。

何社か買取業者に問い合わせたところ、想定よりも金額が安く困惑しています。また売却手続きに伴う諸費用もいろいろとかかり、手取りがだいぶ低くなってしまいそうです。果たして買取業者の金額は妥当なのでしょうか。早く家を出てしまいたいので売却を済ませたいのですが、悩んでいます」

この方からは非常に逼迫《ひっぱく》した様子でお問い合わせいただきました。

当初は弊社のことを買取業者と思われていましたが、そうではない旨をご説明し、また早速の面談を申し入れたところ、とても驚かれていました。

これまで連絡を取り合ってきた買取業者は、電話での簡単なヒアリングを済ませただけで、後は先方で査定し買取金額を提示してきたそうです。そういう訳で、金額どうこうの前にいきなり面談というのは意表を突かれたようです。

確かに住所と土地の広さや家の築年数などが把握できれば、だいたいの相場をはじき出すことができます。

依頼する側に専門の知識やノウハウはありません。提示された金額に対して「そんなものか」と納得し、ほぼ即決で売却する方も多いようです。

即座に査定額を伝えてくる買取業者は「スピード査定」を売りにしているのです。早く売りたい人向けといっていいでしょう。

早いというメリットはあるものの、相談者さんが感じられたように買取金額がやや安めになっていることは否めません。買取業者は買取完了後、リフォームをかけるなりしてまた他者へと転売することで利益を得るのですから、なるべく低く買い取ろうとするのは仕方のないことなのです。

事例の場合、6分の1という持分もあって、買取提示額はかなり割安、もしくは買取に対して消極的な業者も多数いたとのことでした。

仲介方式の場合

弊社のスタイルについて少し触れておきますと、買取をするのではなく「買取の仲立ち」をする立場にあります。

どういう人に買い取ってもらうのが望ましいか、どのくらいの金額が理想か、いつまでに売りたいかなど、相談者さんの希望を面談にて細かく聞き出し、購入者候補の投資家さんたちへ情報を発信しています。

複数の投資家さんへ情報を送ることとの最大の特長は、入札形式にすることで価格を「競わせる」ことができる点です。これは売却する側にとっては大きなメリットになります。

結果として、この事例の場合も、買取業者の提示額よりもだいぶ高い額で取引してくれる投資家さんを、入札方式で見つけることができました。

この取引額の一部を、仲介手数料として、買い主である投資家さんからのみいただくことにしています。ですから取引に際して相談者さんが諸経費を負担することはありません。

この完全仲介の入札形式では、弊社は相談者さんと目的を等しくすることができます。すなわち「少しでも高く売る」ことを一緒に目指せるのです。これが買取業者のスタンスとの大きな違いでしょう。

この特長もあって、事例の場合も相談者さんに満足していただける金額で売買を成立させることができたというわけです。

買取業者を選ぶ際の注意点

買取業者に依頼してスピーディーに持分を現金化したい際は、次の点に注意しましょう。

まずはきちんと説明してくれるところを選びます。

例えば税金について次の質問を投げ掛けてみましょう。

「固定資産税は日割負担ですか?」

固定資産税は1月1日に所有している人のところに1年分の請求が届きます。

しかし、取引をするのならば、その日を境に負担者を移動させるべきです。例えば7月1日に売買が成立し所有者が移ったら、その日までの税金を売り主、以降は買い主が負担するのです。

こういった質問に対して返答を濁す業者は怪しいとみていいでしょう。契約書の事項をよくよく読むと、1年分の負担を売り主が背負わされているケースも少なくありません。

不動産売買において日割計算は当然のように行われるマナーですが、持分売買に関してはあいまいなところもあるので気を付けましょう。

また、正式な売買を行う際に、弁護士などの専門家が立ち会い、契約書の読み合わせをしてくれるかどうかも選ぶ基準になります。

さらに契約書の内容に関して気になる点があったら専門家に確認できる流れになっていることが理想です。契約を急《せ》かすような業者は疑うべきでしょう。

後々、言った言わないでモメないためにも、不明点を消化してから契約に判を押すことが肝要です。

仲立ちを担う弊社の場合はもちろん、説明を過不足なく行った上で、司法書士や弁護士立ち会いの下、彼らの事務所で契約を結ぶことにしています。

第4章

放置したままの空き家や空き地、どうにかしたい

深刻化する空き家問題

所有者不明土地は九州サイズに

誰が所有しているのか分からない土地、いわゆる所有者不明土地。

国土交通省の発表によると、所有者不明土地の総面積は２０１７年時点で九州の面積に匹敵するといわれています。

きちんと登記を完了させていなかった土地は、相続人たちの共有名義不動産になります。代を重ねるごとに共有者は増えていき、いざその土地を何かに利用したくても、共有者は何十人という状況になってしまっています。

全ての共有者からの承諾を得ないといけないのですが、所在を追うだけでも一苦労です。ほぼ不可能ということも多いのです。

こうして所有者の分からない土地は放置され、時代とともに延々とその領域を広げています。

このまま拡大すれば、２０４０年ごろには所有者不明土地の総面積は北海道に及ぶことになるのだそうです。これは由々しき事態でしょう。

穴だらけのスポンジ化

所有者不明土地は世の中にどんな問題を引き起こすのでしょうか。

「土地を利用して公共の道路を通したいが、所有者が分からないため計画が一向に進まない」

こういった公共事業への支障が深刻となっています。地方に行くほど所有者不明土地が山や森林規模で点在するため、より一層、公共事業の用地取得が難しくなっているのです。早急に対応しなければいけないときにも、思わぬ所有者不明土地のわなに掛かることがあります。

「台風によって崩れた急傾斜地を整備したいが、相続人の特定に手間取り着手できないでいる」

これも深刻な事態といえるでしょう。「緊急事態なのだから自治体の判断で決行してもよいのでは？」と感じるかもしれませんが、法律上はそうもいかないのです。

所有者不明土地が増えれば増えるほど、使用のできない「土地の穴」がぼこぼこと増えていきます。

都市部を中心に「スポンジ化」は激しく、このままだと無駄に遊ばせたままの土地が地図上に数多く存在することになってしまうのです。

空き家を放置するリスク

空き家や空き地状態の共有名義不動産を持っている場合、現在は共有関係が明確であっても、油断はしないようにしましょう。

本書を通して何度も強調していることですが、共有関係を自分たちの代で解消することが、将来の安泰につながります。

もし共有関係を放置し続けたら、下の代へ「余計な財産」を背負わせてしまうこともあるのです。

放置することのリスクは共有者が増えていくだけにとどまりません。

例えば空き家は、時間が経てば経つほど朽ちていきます。いずれ倒壊の恐れも出てくるかもしれません。とはいえ解体するにしても、「共有者の意見がそろわない」「誰が解体費を負担するのか」などいくつもの問題をクリアしないといけないのです。

しかも建物を解体し更地にすると固定資産税が一気に増えてしまいます。ですから多くの方が解体することに抵抗を感じてしまいがちです。

しかし、もし本当に倒壊し、周りの人や物が被害に遭ってしまったら……膨大な損害賠償を共有者が背負わされることになってしまいます。

空き家は放火の格好の的にされがちです。延焼したらこれも賠償騒ぎ。しかも空き家は保険に入っていないことが常ですから、一切合切共有者がかぶることになってしまいます。

近年では増加する空き家への対策として各自治体で条例が制定され、倒壊の恐れがある空き家の解体を自治体が代執行できるようになりました。この解体費用は一時的に自治体が負担するものの、後日所有者に支払請求が来る流れが基本となっています。

いずれにしろ、空き家の放置にメリットなどないのです。土地資源の有効活用を実現するためにも、共有者は権利の放置をせず、自覚を持ち、空き家問題解決に取り組んでいくべきでしょう。

急げ、空き家の共有関係解消

事例「売るか貸すかでモメている」

まずはオーソドックスな空き家トラブルの事例を紹介しましょう。

「父の死去により実家の一軒家を兄と弟の私2人で相続しました。しばらく空き家でしたが、そのまま遊ばせておくのはもったいないですし、建物の老朽化も心配です。そこで『売却しよう』と提案したところ、兄は『いずれ賃貸に出したいと考えている』と反対してきました。

賃貸として貸し出すと、賃料の分配を巡ってトラブルになるのではないかと心配です。今はきょうだいの2人ですが、いずれ子どもたちに相続となると、より複雑化し手放すのも困難になっていきます。

そもそも借り手が付くのかも不安ですし……なんとか売却に持っていくことはできないでしょうか」

空き家の今後の使い道について、共有者間で意見が割れているパターンです。相談者さんは売りたいと考え、お兄さんはいずれ賃貸に出したいと考えています。

お兄さんが計画している収益化も悪いものではありませんが、共有関係を継続したまま賃貸を続けていくと、相談者さんの言うように世代を経るに連れ、面倒ごとになる可能性があります。共有関係は早いうちに決着をつけておく方がいいでしょう。

贈与とならないよう注意

解決法は非常にシンプルです。

これまで紹介してきた事例から予想できると思いますが、相談者さんの持分だけ売却すればいいわけです。

事例ではお兄さんに持分を買い取ってもらうことで解決しました。これが相談者さんにとってもお兄さんにとっても最も円満な解決だと言っていいでしょう。

ただし、ここで注意したいことが一点あります。きょうだいだからといって「安値で売る」というのはやめておきましょう。

今回の事例ですと、相談者さんは「何かとお世話になってきた兄さんなので」と、不動産鑑定士が評価した適正価格よりもかなりの安値でお兄さんに売ろうとしていました。

しかし、相場に比べて著しく低い売り値にしてしまうと、税務署から贈与と見なされ、お兄さんが多額の贈与税を負担することになってしまいます。

親族間での売買に限った話ではありませんが、「手放したいからいくらでもいい」という発想は危険です。きちんと適正価格にのっとった金額で、違法性を感じさせないまっとうな取引を行うようにしましょう。

ノー先送り

「いずれ売ろう」
「いずれ貸そう」
「いずれ誰か住むだろう」

空き家を相続することになったとき、多くの相続人がこのような「いずれ発想」をして、問題を先送りにしがちです。

そのときは何も問題がなくても、代を経て共有者が枝分かれし何十人にも増えたとき、大きなトラブルとして表面化します。

全共有者を特定することができなくなってしまったら、そこは所有者不明土地になります。誰も手が付けられなくなってしまうことでしょう。そうなる前に、共有関係の解消に向けて動いていきましょう。

売るにしろ貸すにしろ、放置された空き家のままでは価値が目減りしていく一方です。早めに思いきって売却するか、いずれ貸すにしても誰かが管理していくかで価値を保っていくのが良策といえます。

たまに使いたい空き家

事例「姉がなかなか買い取ってくれない」

共有者間で意見がまとまっていながら、なかなか計画が進まないパターンはどのような解決が望ましいでしょうか。次の事例を参考にしてみましょう。

「亡き父母が遺した大阪市内の物件を私と姉の2人で相続しています。遺産分割協議書を作成し、持分は2分の1ずつで登記しています。

誰も住んでいない空き家なので『母の三回忌が済んだら売却しよう』と姉と話をつけていました。

ところが事情が変わり、姉の方から私の共有持分を買い取りたいという申し出がありました。姉は愛媛在住で、たまに大阪へ出てきたときに滞在地として利用したいようなのです。

私としては持分を売却することに変わりなかったので反対はしませんでしたが、買い取る話についてはそれっきりで、実際に姉が行動に移そうとする気配がありません。

調停や裁判を起こすことも検討していますが、姉との今後の関係にひびが入りそうですし、費やすお金や時間のことを考えるとなるべく避けたい選択肢です。

私の持分だけでも売却することはできないでしょうか」

事例は、全体売却の予定から共有者間での持分移転へと共有関係解消の方法が移動したケースになります。

しかし、なかなかお姉さんが買取の具体的行動を起こしてくれないのが相談者さんの悩みどころでした。

お姉さんの立場でいえば、もともとは売却の意向はあったものの、たまに使えるのが便利ということで、手放したくない気持ちに駆られたのでしょう。対する相談者さんから見れば、空き家を利用する機会はないのに固定資産税だけ負担するのは納得がいかない話です。

少ない労力で大きな実入り

共有物分割請求を裁判所に申し立てることで持分を売却することは確かにできるでしょう。しかし、弁護士費用や不動産鑑定費用などといった出費に加え、解決までの時間も決して短くはありません。姉妹間のことなので遺恨を残すことも避けたいところです。

そこで、相談者さんとお姉さんでまず話し合いの場を持つことになりました。

その結果、お姉さんには相談者さんの持分を買い取れるだけの余裕資金がないことが分かり、当初の予定であった持分移転による共有関係解消は不可となりました。

さらにお姉さんには、このままでは相談者さんの持分だけ売却となることに加え、第三者の持分となることで賃料の請求や持分売買の交渉が発生するかもしれない点など、共有関係を続けることで生じる可能性を説明しました。

お姉さんとしても面倒なことになるのを避けたい様子で、最終的に姉妹の希望を1つにし、空き家全体を売却することに合意となりました。

その後、高値で買い取ってくださる方を見つけました。裁判による売却よりも手元に多くお金を残すことができ、2人とも一安心といった様子でした。

空き家の共有関係を2人の代で解消できたことは価値ある判断であったと思います。もし次の代、そしてさらに次の代へと受け継がれてしまっていたら、もはや手遅れの状態となり、簡単には手放すことができなかったことでしょう。

「たまに使いたいから」という理由だけで空き家を所有しておくことは、共有者にとって損を招く要因になりますし、不動産の価値を使いこなせていない点で「非常にもったいない」といえます。誰かが定住するなり手放すなり、早期に決着をつけてしまいましょう。

勝手に売りに出されていた！

共有者たちの仲が悪いと……

「共有名義不動産が勝手に売りに出されていた！」

という相談事例は決して少なくありません。

背景には共有者間の「話のできる間柄ではない」という内情が見え隠れしています。多くの場合、共有者間の仲がよろしくないのです。もし仲が良かったら、全員の同意の下で売りに出されるはずですから。

というわけで、「勝手に売りに出されていた」と相談に来られる方々は怒りや憎しみの感情をにじませ、また、いざ弊社を仲介として交渉に踏み切ると、いずれの共有者も感情的な面を強く出す傾向にあります。

共有者間で抱える諸事情、微妙な関係性や過去の遺恨などが、事態を深刻にしていることは否めません。

まず前提として断言しておきたいのは、共有者全員の合意なしに勝手に全体売却することは違法です。もし無断で売却してしまい、他の共有者にとがめられたら、売買は無効、不動産を取り戻さなければいけません。これは売った側にも買った側にも大きなリスクを及ぼすことになってしまいます。

それでは、共有者間の仲がこじれていて、すでに勝手に売りに出すという良からぬ事態にまで発展しているとき、どういった解決策が考えられるでしょうか。

事例「第三者の手に渡したくない」

3きょうだいの長男の方からの相談です。

「9年前に母が亡くなり、きょうだい3人の共有名義になっている空き家の一軒家があります。

最近、弟2人が地元の不動産屋に依頼し、勝手に空き家を売りに出していることが発覚しました。

売り出しの掲示を取り下げてもらおうと思ったものの……。もともと私と弟たちは水と油のような関係で、会って話をつけようにもお互い感情的になり、一切進展することなく今日まできてしまいました。

きょうだい間では話がまとまりそうにありません。何か良いアドバイスをもらえませんか」

　まずは弟さんたちと話し合いの場を設け、共有名義不動産を勝手に売りに出すことが違法であることを伝え、売り出しを控えていただき、さらに持分の売却であれば可能であることを伝えました。

　一方で、相談者さんからは「第三者に売るくらいなら弟2人に対価を支払い共有名義を私1人にまとめ、子ども夫婦に住ませたい」という意向も引き出すことができました。

　そこで不動産鑑定士に依頼して弟さんたちの持分に当たる3分の2の土地価格を算出、売買手続を弊社が代理で担当することになりました。共有関係解消法における持分移転での解決を狙います。

感情がぶつかり合うと、誰かが損をする

　円満に終わるかと思われた交渉ですが、提示した売却金額について弟さんたちは不服でした。

「兄にもっと高く買い取ってほしい」の一点張りで譲歩する気配はありません。

　もともと仲の悪い関係で、相手側の案には従いたくないという感情が色濃く出てしまっ

ている様子でした。

弟さんサイドとしては「兄に買い取られるくらいなら第三者に渡したい」ですし、兄である相談者さんは「弟たちの思い通りにはさせたくない」のです。

結局折れたのは相談者さんでした。弟さんたちが提示する、鑑定価格よりも高い額で買い取ることが決まりました。

「両親と暮らした想い出の詰まった家。第三者の手に渡るくらいなら、多少無理をしても自分のものにしたい」

そういう思いから持分を買い取り、共有関係解消となりました。

きょうだい間の仲が良ければ、相談者さんがこれほど自腹を切ることにはならなかったでしょうし、そもそも勝手に売り出されることもなかったでしょう。

このように感情のぶつかり合い、譲れない思いに熱が入ってしまうと、誰かが折れて損を被る結果になることもしばしばです。他のあらゆる事例がそうであるように、もっと早い段階で共有関係を解消していれば、共有者の1人が損をする結果には至らなかったことでしょう。

相続時以外でも起こる共有トラブル

トラブルの源は思わぬところにも

本書では共有関係の早期解消を一貫して推奨しています。その理由として第一には、時代を経るほど共有関係が複雑になるからです。

「共有関係の管理を徹底していれば問題ないだろう」という意見もあることでしょう。誰がどのくらいの持分で共有しているのかを定期的にチェックすることで、相続に伴い共有者が増えたとしても問題が起きないよう予防するという方法です。

確かに共有関係さえ明確化されていれば、相続に伴うトラブルは発生しないかもしれません。

しかし、場合によっては、相続以外の出来事で、共有関係が思わぬトラブルを引き起こすこともあり得るのです。しかも共有関係が少数のシンプルな状態であってもです。

その一例を紹介しましょう。

事例 「強制競売で第三者の手に」

「祖父が亡くなり、空き家を私の父と叔父が相続し共有名義不動産となりました。その後、叔父が亡くなり、その子ども、つまり私のいとこへと相続されました。続くように父も亡くなり、持分を私が相続しました。この時点で共有関係は、私といとこの半分ずつになります。

いとこが事業を起こしたのですが、失敗し、借金返済のため空き家の共有持分が競売にかけられてしまいました。

その結果、いとこの持分を第三者が得ることになりました。

その第三者から私のところへ連絡があり『あなたの持分も買い取って個人名義にしたい』と言われたのです。

しかし、その買取希望の金額は全く納得のいくものではありませんでした。断ったのですが、『それなら共有物分割請求訴訟を起こす』と言われてしまいました。弁護士を雇うにしても報酬金が心配です。どうすればいいでしょうか」

事業失敗に伴う強制競売。共有者の誰もが望まないいきさつで、第三者へと権利が渡ってしまいました。

第三者が相談者さんの持分も買い取りたいと打診していますが、果たして価格は妥当なのでしょうか。

不動産鑑定士に査定してもらったところ、不動産の適正価格は３０００万円でした。相談者さんの持分は１５００万円の価値があることになります。実際の取引上では、やや減額されるとしても１０００万円を下回ることはまずないでしょう。

ところが第三者から提示された買取額は５００万円。適正から大きく離れた額だったのです。これでは相談者さんが不服なのも無理はありません。

完全に第三者の手へ

相談を受けた弊社は、査定額を基に第三者の共有者へ適正な価格での交渉をすることになりました。

しかし、相手方からの返答は「価格が高い」の一点張りで、交渉に応じる気配はありませんでした。

相手方から共有物分割請求訴訟を起こされるのも時間の問題です。このままでは裁判所を介し、時間とお金をかけ、相談者さんの望まないかたちで空き家を手放すことになってしまいます。

そうなる前に先手を打ちました。これ以上相談者さんを巻き込み余計なエネルギーを消耗することのないよう、投資家さんに不動産を紹介、適正な価格で相談者さんの２分の１

の持分を購入してくださる方々を入札方式にて探しました。

その結果、相談者さんも十分納得できる金額での持分取引が成立しました。

相談者さんが大きな負担を背負うことなく、持分相当のお金を得たことになります。弊社は、売買成立時に取引額から一部を買い主からいただいているものの、相談者さんには手数料として報酬を一切請求してはいません。良いかたちで決着することができました。

相談者さんの困りごとは解決しましたが、この空き家の今後について一応触れておきましょう。

空き家は相談者さんの手を離れ、元々の持ち主であった血縁者とは関係のない、第三者間での共有となったことになります。

この後考えられることとして、第三者間でさらに売買が行われることでしょう。どちらかの個人名義になるということです。

そこからさらに全体売却して利益を得るか、もしくは収益不動産として活用するか、はたまた第三者が住居とするか。今後の使い道は購入者次第ですが、事例の場合は全体売却かと思われます。

持分半分ずつの購入は適正価格よりも減価で売買されますが、全体売却でしたら適正価格でも十分に売ることができるでしょう。この差額が利益として第三者の手元に残るわけです。

「第三の共有者」からのうれしい提案

第三者の手に渡ったことで困ったことになる事例を紹介しましたが、続いては第三者との共有によって思わぬメリットがもたらされたケースを紹介しましょう。

事例「弟の持分だけ売りたい」

「兄の私と弟、２人で相続した一軒家があります。現在は空き家で、だいぶ老朽化しています。先日、弟から『持分を売却したい』という申し出がありました。事業のための資金が早急に必要なのだそうです。

私としては一向に構わないのですが、私自身に買い取れるだけの余裕がありません。そこで第三者に弟の持分だけ売却することを検討しているのですが、今後円満な共有関係を築いていけるのか不安です。

そもそもかなり古く、長いこと放置していた空き家なので、持分を買ってくれる人がいるかどうかも分かりません。弟から『最低限この額で売りたい』という金額も提示されています。何かいい案はありませんでしょうか」

事例の空き家は老朽化が著しく、端的に言ってしまえば、使用も収益化も期待できないボロ家でした。

こうなると建物は「マイナスの財産」となり、土地の価値を大きく下げてしまっている面も強くあります。かといって解体する余裕資金もごきょうだいにはない状態でした。

空き家を持て余してしまっている事例の代表格ともいえるでしょう。

さてこの不動産、どういった決着のつけ方があるのでしょうか。

ボロ家の買取条件

一見して買い取る側にとっては魅力を感じない物件ですが、投資家ネットワークに配信したところ、時間はかかりましたが買い主が現れました。

その投資家さんはある「条件」と引き換えに、弟さんの持分を買い取るというのです。

その条件とはとても意外なものでした。

「こちらの資金で空き家をリノベーションし、収益物件として運用したい」

つまりこういうことです。まずこの投資家さんが弟さんの持分を両者納得の額で買い取ります。そして相談者さんとの共有名義不動産になったら、投資家さんの資金を用いて空き家を改築し、賃貸経営できる不動産へと変貌させるという提案です。

投資家さんは独自の目利きで、「収益不動産にして、賃貸として貸し出せば収益が見込める」という判断を下せたのでしょう。自ら身銭を切ってでも運用したいという意向でした。

もちろん投資家さんは利益を得るために出資をするわけです。リノベーションにかけた費用も後々回収していく算段でいます。数十年規模の長期的な投資案件です。

現在この不動産はすでにリノベーションを果たし、賃貸物件としての経営をスタートさせています。維持管理費などの各種負担はあるものの、今風な見栄えの良い建物に変身を遂げたことが功を奏し、ほぼ満室の状態をキープできています。相談者さんにとって安定した収入源となり、思わぬリターンを得ることがかなったのです。

このように、「第三者の手に」といってもその結末はさまざまです。今回のように全員にとって良い方向に向くこともあります。

肝心なのは「誰が買い取るのか」であり、買い手の吟味は非常に重要となってくるでしょう。

転売目的で少しでも安く買おうとする買取業者よりは、今回のように良好な共有関係を築いていける、優良な買い手を見つけるのが理想といえるでしょう。

第5章

共有している収益不動産、どう処理する？

共有名義の収益不動産に起こる3大トラブル

お金が絡むのでトラブルになりやすい

本章では、アパートやビルやマンションなど、家賃収入を得る目的で所有している共有名義不動産に関するトラブルと解決事例を紹介しましょう。

「不動産投資なんて自分とは無縁の話だ」と感じる方もいるかもしれませんが、今は収益不動産を持っていない方でも、後々所有する可能性も捨てきれません。古くなった空き家をリノベーションし、収益不動産として共有することがあるかもしれません。

第三者との共有がきっかけでなくても、自己資金なり銀行の融資を受けるなりして、相続した不動産を有効利用しようと決意する日が来るかもしれません。

ただその不動産が共有物であったとき、トラブルの元になってしまうリスクは事前に考慮しておくべきでしょう。

収益不動産はお金と直結していますし、他者と貸借関係を結ぶものですから、ただでさえトラブルになりやすいのです。これに共有関係という要素が加わったら、問題が起きないことの方が珍しいかもしれません。

実際にどんなトラブルが起こるのか。共有名義の収益不動産に起こる3大トラブルを紹介します。

誰が管理する?

収益不動産を共有したときに必ず直面する課題が管理者の選定です。

「きょうだい3人でマンションを相続することになった。さて誰が管理する?」と話し合ったところで、「では自分が」と率先して手を挙げる共有者はまれではないでしょうか。管理者にはさまざまな負担と苦労があり、相応の責任も問われる存在だからです。

管理者はまず自分でマンションの管理そのものを担当するのか、それとも不動産会社などに依頼するのか、さらに、依頼するとしたらどこの会社がふさわしいか、決めないといけません。

決めたら、家賃や敷金や保証金も設定し、修繕やリフォームのタイミングを見越し、資金を確保するプランを立てないといけません。

また、共有者間での信頼関係も問われてきます。

「毎月バラバラの金額が振り込まれているが、果たしてきちんと会計できているのか。

自分が損をしていることはないだろうか」

という疑問を他の共有者が抱いたら、管理者との間に亀裂が入るきっかけにもなりかねません。管理者は定期的に共有者へ情報を提供する責務を担うことになるでしょう。

その他にも多種多様な雑務が管理者に与えられることになります。他の共有者たちに信頼されていることは前提として、責任感が強く、細かいところまで配慮でき、お金のやりくりや交渉が得意な方でないと難しいでしょう。

この管理者の選定を慎重に行わないと、トラブルの元となってしまいやすいのです。

家賃はどう分配する？

収益不動産における最も多いトラブルといえば家賃絡みのものになります。

「家賃の設定額に疑問」

「家賃をもらえていない」

「分配額に納得がいかない」

収益不動産はその名の通り収益を得るための物件です。終始お金が絡んでくるのですから、お金に関わる不満をきっかけにトラブルとして発展している事例は、後を絶ちません。

家賃収入の分配は、持分比率が原則。３人で3分の1ずつの持分で共有していたら、もらえる家賃も3分の1ずつの均等割です。

しかし、ここに加減要因は見込まれるでしょう。例えば賃貸に関する諸々の責任を負っている管理者は、手数料として少し取り分を上乗せするといった具合です。この辺はしっかり協議して事前に決めておきましょう。

いうなれば、家賃の分配を事前に協議し書面として残しておけば、この手のトラブルは発生しないことになります。不透明感をなくすことが肝心です。

経費はどうする？

入ってくるお金でモメることもあれば、出ていくお金でモメることもあります。

不動産経営には修繕費やリフォーム費や各種税金などなど、何かとお金がかかるものです。それらの出費を共有者間でどのように負担するのかの詳細は、トラブルの元になりやすいので必ず事前に決めておきましょう。

これも基本は家賃と同じで持分比率に応じるのがよいでしょう。

ただ問題となるのは「その出費は本当に必要経費なのか？」という点です。

「壁の修繕をそろそろしないと」

「いやいやまだ大丈夫だろ。出費はできるだけ抑えよう」

「でも壁が汚れていたら入居希望者が減るかもしれないし」

「安全性が保証されていれば、多少見栄えが悪くても入居はつくさ」

といった議論が共有者間で交わされることもあります。

議論が平行線をたどることのないよう、経費を捻出するスパンや用途まで決めておくと、後々の議論交渉が円滑になります。

一番手っ取り早いのは「経費については管理者に一任」と書面に明記し約束し合うことです。

それでも発生する予期せぬトラブル

家族だからといって決めるべき事項をあいまいにしておくと、後々面倒なことになってしまいます。これが共有名義不動産のウィークポイントなのです。とにかく事前にしっかり話し合っておくことが重要です。

しかし、これだけ準備をしていても、共有関係によるトラブルは起きてしまうものです。

身内が家賃を払ってくれない

まずはよくある相談として「共有者なのに家賃がもらえていない」という事例があります。

事例「姉がアパート収入を分配してくれない」

「親が亡くなり収益不動産のアパートを姉と私の2人で相続しました。持分は均等に2分の1ずつです。集金や管理といった実務はアパートの近くに住んでいる姉が担当することで合意しているのですが……。

これまでアパートの家賃が私に振り込まれたことは一度もありません。

全ての管理を姉に任せているので偉そうなことは言えないですが、持分のある私にも家賃収入を得る権利はあるはずです。

以前家賃の分配について姉に尋ねたときは『お前は知らなくていいの』と一蹴されお手上げ状態でした。

このまま家賃が入らないのでは持分を保有している意味がありません。いつかは私の子どもたちへ相続されます。そのときさらに事態がややこしくなることも考えられるのです。

今のうちに持分を手放すことはできないでしょうか」

この事例では相続の際、「誰が管理するか」を話し合ってはいるものの、家賃分配に関しては具体的な取り決めをしなかったことが災いしました。

修繕費などの出費も含め、アパートに関わる実務は全てお姉さんが担当していますが、損益や収支に関する決算報告書は相談者さんに一切共有されていないという状況です。

「いくら収入があって」「いくらの出費があって」「いくら手元に残っているのか」を共有者に開示しないのは不信感を募らせてしまいます。

まして共有不動産でありながら、共有者に家賃収入を一切分配しないのは不法行為に当たります。

このトラブル、解決への筋道はあらかた決まっています。相談者さんの願いは持分を手放すことですから、まずは他の共有者に持分を買い取る意思があるかどうかを確認します。その結果、お姉さんには買い取りの意思がないことが分かりました。

では次の段階です。どのような解決法があるでしょうか。

債権付きで売るか否か

ここまでの事例とその解決法から推察できる通り、この方の場合も持分を第三者に買い取ってもらうのがベターでしょう。

不動産鑑定士にアパートの価格を算定してもらい、相談者さんの持分に相当する額である2000万円で投資家さんに買い取ってもらいました。相談者さんの負担を最小限に抑えながら、無事共有関係の解消となった次第です。

ちなみに相談者さんは、家賃をこれまで払わなかったお姉さんに対し、賃料相当額の損害金請求を行えます。しかし、相談者さんの「できることなら争うようなことはしたくない」という思いから、後腐れのないよう持分の売却だけで解決しました。

また、この第三者との売買時、「債権付き」で買い主に購入してもらうこともできます。どういうことなのか、この事例の場合で考えてみましょう。

相談者さんの売却金は2000万円でした。これに加え、本来もらえるはずだったのにもらえなかった賃料が100万円に上っていたとします。

この100万円は、賃料を払ってくれなかったお姉さんに対する債権（お金を請求する権利）ということになります。

したがって、第三者へ売る際、2000万円に債権の100万円を上乗せし、2100

万円で売却するという方針も立てられるのです。

債権付きの持分を購入した買い主は、債務者であるお姉さんに100万円を請求することができます。お姉さんが支払いを拒んだら、訴訟に発展させることも可能です。

ただこうなると事態がこじれてしまうのは明白です。今後姉妹の関係が悪化することもほぼ確実でしょう。買う側としてもプラス材料には決してならないので、債権付きでの売買は率先してやるべき得策とはいえないでしょう。

ただ、1つの手段として存在するということは覚えておいて損はありません。

「売れない」「壊せない」古アパート

困ったものを受け継いだ

「受け継いだ収益物件が、全然収益を出してくれない……」

全体売却できればいいのですが、共有者に反対する人がいれば売れません。持分だけ売ろうにも、現状空室が多く家賃収入が見込めていない収益不動産だったら、買い取ってくれる人を探すのは大変苦労するでしょう。

「思いきって新しく建て替えよう」と提案しても「改築費用は誰が負担するのか」「借金

してまでやりたくない」と共有者の間でさらに議論が交錯します。

人口減少が加速するこれからの時代、より一層「売れない」「壊せない」困った収益不動産を相続してしまい、収益を得るつもりがかえって負の遺産を背負ってしまうケースが増えていくのではないでしょうか。

あまりにも今後負担が肥大化することが予想されるなら、さらに下の代へと受け継がせてしまう前に、全体売却して共有関係を解消することが望ましいと思います。

古い建物が建っているために売却額は低くなってしまうかもしれませんが、後々の大きなトラブルを起こさないためには致し方ないともいえます。解体やリフォームする余裕資金がない場合はそれが得策です。

事例「古いアパートの処遇に困っている」

古い収益不動産を相続したことで、実際にどんなトラブルが起こり得るでしょうか。

「父と叔母で共同購入し収益物件としていたアパートがあります。

父が亡くなり、子どもである私が相続しました。持分は、叔母と私の2分の1ずつになります。

10年ほどそのような共有関係が続いたのですが、アパートはだいぶ老朽化し、今では10部屋のうち3部屋しか入居がついていない状況です。入居者募集を随時かけていますが、期待できそうにありません。

そこで建て替えを検討しているのですが、叔母からは次のように反対されています。

『今融資を受けて建て替えたら、借金を私の子どもに背負わせ迷惑を掛けてしまう』

『現在入居している方に退去してもらわないといけない、ふびんだ』

叔母の言い分もよく分かります。しかし、このまま入居者が減っていったら、修繕費用や固定資産税といった出費が、共有者である私たちにますます重く伸し掛かってくることは明白です。

売却も提案したのですが、叔母にとっては大変思い入れのあるアパートで、手放す気は毛頭ない様子です。

私としては持分を叔母に贈与してもいいとまで考えています。

円満な解決方法はないでしょうか」

古い収益不動産を相続した典型的なケースですが、共有関係は少数ながら事情が複雑です。

各共有者に買い取ったり建て替えをしたりといった余裕がない場合、共有者全員の同意の下で全体売却するのがベストですが、叔母さんの心境を察するにそれは難しいようです。

ただ現状を維持したとしても、その先にはいずれ相続に伴う新たな共有トラブルがやって来ることは十分に考えられます。

または入居者がゼロになってしまったとき、収益なしの状態で維持費を賄うことになってしまい経営を圧迫してしまいます。こうなってしまったら、マイナスの状態から抜け出すためいち早く手放すしかないでしょう。これは叔母さんも望んでいない結末だと思います。

さて事例の解決方法ですが、相談者さんは「持分を叔母に贈与してもいい」と考えているようです。

しかし、これは気を付けなければいけません。贈与税が発生するからです。

実際に不動産鑑定士の力を借りて試算してみたところ、立地が良好だったこともあり土地の評価額はかなりのもの。贈与してしまうと叔母さんに大きな負担を掛けてしまうことが判明しました。

これは相談者さんも望んでいないことなので贈与案は却下となりました。

それではどのような解決が理想的なのでしょうか。

利を生むはずが負を生むことも

相談者さんと叔母さん、それぞれと相談をした結果、相談者さんの持分を売却する方向で固まりました。

これであれば叔母さんが金銭的な負担を背負うことはありません。第三者との共有関係になったとしても、収入と支出のバランスも以前のままになります。気の知れた共有関係とはなりませんが、今後叔母さんが売却を決意される可能性もありますから、これが最善策だと考えられます。

さて実のところ、相談者さんの2分の1の持分は、本書を記している現在も売出中です。古い建物ということもあり、やはり買い主さん探しは困難となっているのが現状のようです。

しかし、相談者さんも今すぐ売りたいという心境ではないので、気長に買い取ってくれる方を待つこととなっています。

買い取った投資家さんが物件にリフォームをかけるという事例もありました。このような買い主さんが現れる可能性もありますし、叔母さんにとって不安のない共有関係を築いていける方を見つけられることが一番でしょう。

少なくとも、このまま入居者が離れていく一方の古アパートを下へ受け継がせていくことは避けないといけません。収益を生む不動産のはずが、損失を生む「負の遺産」を背負わすことにもなりかねませんから。

今のうちに整理をつけておくのは必須でした。その第一歩として、持分を売却することを決めた相談者さんは賢明でした。

税金がとんでもないことに……

事例「建て替えとともに買い取りたい」

同じく古いアパートを相続した事例を紹介しましょう。こちらは他者への売却ではなく、共有者間で持分を売買するパターンです。

「父が遺してくれたアパートを兄の私が3分の2、妹が3分の1、共有持分として相続しこれまで私が管理してきました。このたび、建物の老朽化に伴い、金融機関から融資を受けて建て替えを検討しています。

ただ気掛かりは、本物件を担保に入れることになるので、持分のある妹に承諾を得て、形式上ですが借金の一部を背負ってもらうかたちになります。

妹に迷惑を掛けることはないと思いますが、万が一のリスクも考えられますし、いつまでも私たちの関係が良好とも限りませんから、この機会に共有関係を解消し私だけの名義に変えたいと考えています。

妹の共有持分を相場よりも安く買い取ろうと考えていますが、何か問題が生じるのでしょうか」


相談者さんが妹さんの持分を買うわけですが、知った仲だからといって安値での取引は危険です。

これまでにも何度か登場してきたように、破格の安値だと贈与と見なされ贈与税がかかってしまう可能性が高いからです。適正な時価での売買を行わないといけません。

そこでこの物件の3分の1に当たる適正な価格で、相談者さんが妹さんの持分を買い取ることになるわけですが……。

実は取引時の出費はこれだけにとどまらないのです。

税金負担を減らすには

不動産の取得時には、不動産取得税や登録免許税など各種税金が発生します。

これがかなりの高額で、事例のアパートは広大な土地に建っていることもあり、相談者さんへの負担は大きなものになると判明しました。

しかし、相談者さんは妹さんとの今後の関係も考慮し、共有関係解消を目指しました。税理士や不動産鑑定士との綿密な話し合いの後、出費をできる限り抑えながらの兄妹間売買を行い解決となりました。

このように、収益不動産を共有関係のままにしておくと、いざ解消というときに大きな負担を背負うことにもなってしまいます。

そうならないために大切なことは、遺産相続段階できっちり分割をしておくことにあります。

遺産分割協議を行い、最初の段階でアパートを相談者さんの単独名義にしておけば、このような出費はありませんでした。

もちろん無償で相談者さんが取得するのは不公平ですから、このときに相談者さんから妹さんへ相当額を支払えばよかったのです。

これは分割方法の中の「代償分割」です。

相続時の取引なので、事例のような税金は発生せず、出費は少なく済んでいたことでしょう。

相続というのはたいてい急に訪れるもので、速やかに整理がつかない場合も多いでしょうけれども、後々のトラブルや大きな出費を避けるためにも、遺産分割協議は忘れずに行い、共有関係を解消しきっちり公平に分割しておくようにしましょう。

「特別扱い」された相続人

特別受益

相続した共有名義不動産を手放したい方が相談に来られたとき、次の2つの質問をします。

まず1つめが「遺言書はありませんか」という質問です。

相続直後の相談には特に慎重にならないといけません。共有関係になっていたつもりが、実は遺言書があって相談者さんには持分がなかった、といったケースが時に発生します。売却した後に判明したら大ごとなので、事前に忘れず確認を取ります。

2つめが「特別受益はありませんか」という質問です。

特別受益は、共有関係を解消する際だけでなく、相続時の遺産分割協議でも大きな争点となる項目の1つです。難しい言葉のように思えますが、質問の真意は至ってシンプルです。被相続人から「特別扱い」されたことがないかを尋ねています。

例えば相続とは別に、被相続人から財産を譲り受けていたり、婚姻や生計の資本として贈与を受けていると、特別受益と見なされることがあります。

もし相続人の中に特別受益を得ている人がいたら、法定相続分のまま遺産を受け継ぐと不公平が生じてしまいます。

そこで民法では特別受益に関する次のようなルールを設けています。

まず、相続時に有している財産の評価額に、特別受益と見なされた贈与の価額を加え、この全体を相続財産とし、法定相続通りに分けます。

そして特別受益を受けていた人は、法定相続分から特別受益分を控除したものが最終的な取得分となるのです。あくまで遺言書がない場合の、法律にのっとった分配です。

計算がやや複雑にも感じられるので、実際の事例を通して解説していきましょう。

事例「姉は資金援助を受けていた」

「父が亡くなり、時価1000万円の土地を姉と弟の私が相続することになりました。

父の遺言書はありません。

困ったことに姉は、遺産分割協議で詳細を決める前に、持分である2分の1を第三者に売却してしまいました。

持分売却なので、これだけでは問題はないのかもしれませんが、私にはどうしても見すごせないことがあります。

姉は父の生前、２０００万円程度の資金援助を受けていました。それなのに土地も均等に分け合うのは納得がいきません。この場合、私の方が我慢するしかないのでしょうか」

確かに持分売却だけでは問題になりませんが、遺産分割協議前というのはルール違反ともいえます。またお姉さんが生前のお父さんから受けたという２０００万円の援助は見逃せません。これは特別受益に当たるでしょう。

そこで特別受益を含めた相続財産を改めて計上する必要があります。

まず、相続時に有している全財産は１０００万円でした。

これに特別受益分である生前贈与の２０００万円を加えます。

つまり３０００万円。これが「本来の相続財産」と見なされます。

これをお姉さんと相談者さんで均等に分け合うので、１５００万円が両者の相続分です。

この時点で相談者さんは１５００万円を受け取る権利を有しています。

図表12　「特別扱い」された相続人

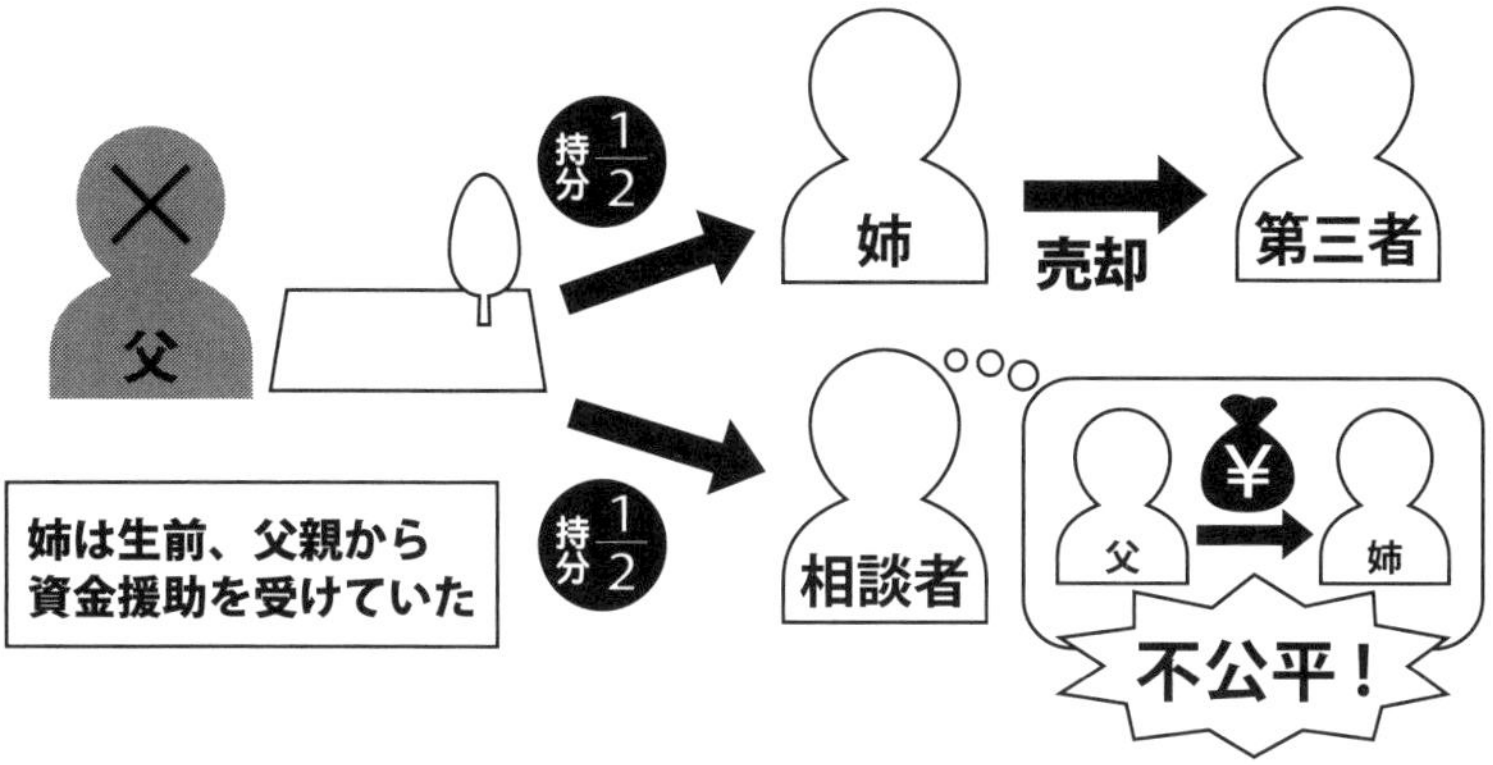

対してお姉さんは、1500万円から特別受益分の2000万円を控除することになります。つまりマイナス500万円。数字上は、お姉さんは相続によって500万円を「吸い取られる」ことになります。

ここで特別受益に関するもう1つのルールを引き出します。

遺贈または贈与の価額（事例では2000万円）が、最終的な相続分の価額（事例では1500万円）に等しかったり、もしくは超過したりしていたら、その相続分を受け取ることができません。

要するにお姉さんは、1000万円の土地を相続することはできません。ですがマイナスになったからといって、お姉さんが相談者さんに500万円を払う、といった財産移動の必要もありません。

共有者間でモメないためにも

特別受益が認められるには、正式な「証明」が必要になります。事例であれば2000万円の贈与があった記録を示せなければ、特別受益として認められないのです。

この特別受益、不公平を取り除くという名目の意味では、「寄与分」（104ページ参照）にも似ているところがあります。

ただ寄与分は、被相続人への貢献度を考慮したものです。ここに直接的な金品の授受はありません。財産の生前贈与といった特別な施しを受けたケースが、特別受益に当たります。

さて、事例ですが、すでにお姉さんは土地の持分500万円相当を他者に売却してしまっていました。

この場合、かなり話は複雑です。姉弟だけでなく第三者にまでトラブルが及んでしまいました。

実はこれを書いている今も裁判中となっていて、結末はまだ分かりません。相談者さんとしては土地を取り戻したい気持ちのようですが、判決を待つしかない状態です。

少なくとも、特別受益が認められているので、相談者さんが不利となることはないでしょう。お父さんからの相続を過不足なく受け取れるような判決が下ることでしょう。もし相続者の中に特別受益と見なされるような施しを被相続人から受けている人がいるのなら、それを踏まえた遺産分割協議を行うようにしましょう。

ここをうやむやにしてしまうと、後で事例のような裁判沙汰にもなりかねません。血縁同士の泥沼化した争いとなり、二度と修復できない関係となってしまう恐れがあります。

また、事例のお姉さんのように、相続が決まったからといってすぐに売却するのもやめましょう。必ず相続人たちで話し合いをしてから、その後の処分を決めてください。

持分交換で円満解決

事例「売りたい兄と持ち続けたい弟」

収益不動産に関する最後の事例として、持分を交換した珍しいケースを紹介しましょう。

「父の遺したアパート2棟を、遺産分割協議により兄と弟である私で相続し、各不動産ごと2分の1ずつの共有持分として登記しています。

10年ほどこの関係が続いていたのですが、このほど兄から、会社の資金繰りのため、私との持分を合わせて、アパート1棟を丸ごと売却したいという申し入れがありました。私としては収益不動産としてアパートを持ち続けたいと考えています。何か良い解決方法はないでしょうか」

お兄さんは早急にまとまったお金が欲しかったようで、持分売却よりも高値が付き、取り分の増える全体売却を相談者さんに持ち掛けました。

共有名義不動産を全体売却するには、当然共有者全員の同意が必要です。しかし、相談者さんとしてはアパートを持ち続けたい意向で、両者の意見は対立しています。

ごきょうだいの関係を崩すことなく、両共有者の希望を満たす方法は、果たしてあるのでしょうか。

今回は不動産を2棟共有していることがポイントです。こういったケースの場合、持分の交換が有効です。

物々交換のおきて

持分の交換、つまりは物々交換になります。

「あなたの自家用車と、私の軽トラックを交換しましょう」

ここであなたがイエスと答えれば物々交換は成立です。

「いやいや私の自家用車の方が価値は高いのだから、軽トラックだけでは不満です」となれば、交換は不成立です。もしくは相手からさらなる交換条件を持ち掛けられます。

「では軽トラックと30万円相当の腕時計はいかがでしょうか」

実際にはあまりこのような交換例はないかもしれませんが、物々交換というのはこういうものです。

1対1の交換だったり、2対1の交換だったり、もしくは1つの物に対し物プラスお金で交換するというケースもあるでしょう。

物々交換のイメージが固まった上で、事例を見てみましょう。

ごきょうだいは2棟のアパートをそれぞれ半分ずつ共有している状態でした。この半分ずつを交換すればいいのです。

仮にアパートをAアパートとBアパートとしましょう。

Aアパートのお兄さんの持分と、Bアパートの相談者さんの持分を交換すれば、事態は丸く収まりそうです。

Aアパートは相談者さんの単独所有になりますから、引き続きアパート経営を続ければいいわけです。

図表13　持分交換で円満解決

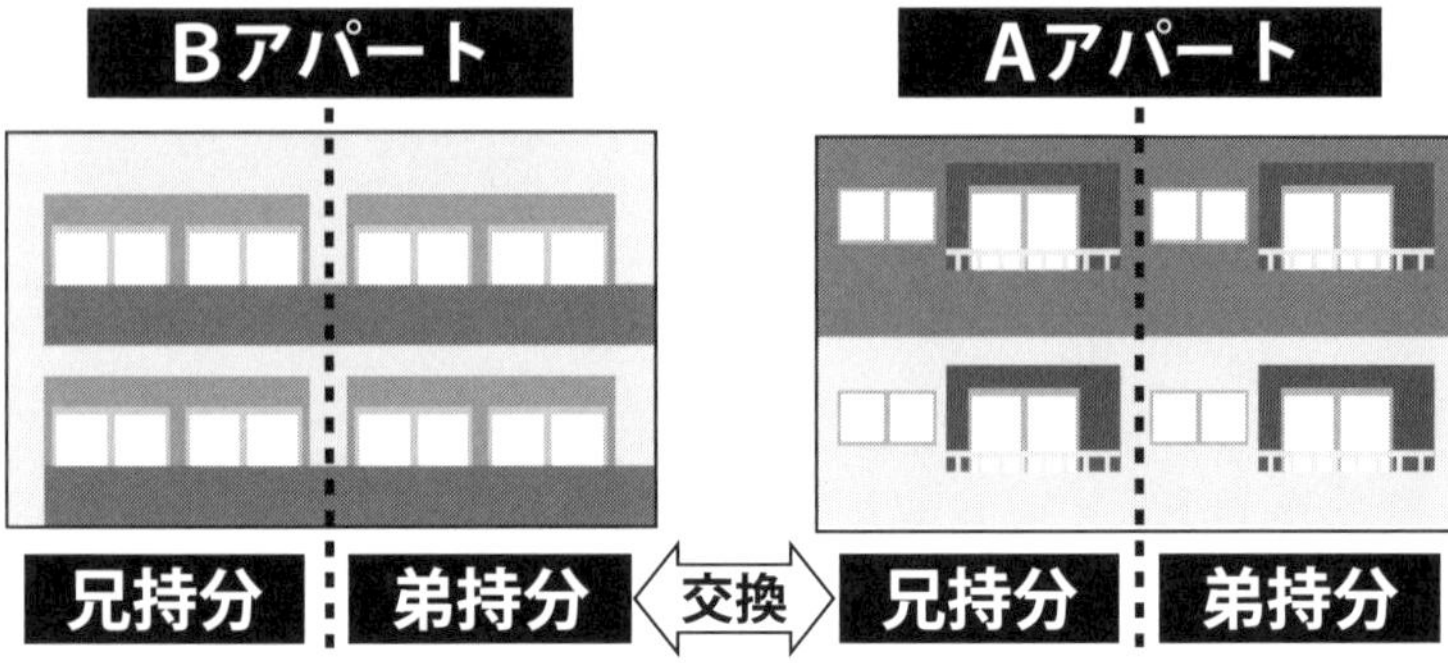

一方のBアパートはお兄さんの単独所有になるので、全体売却して会社の資金に回すことができます。

評価額の差に注意

ここで無視してはいけないのがAアパートとBアパートの価値です。

単純な持分の交換は、両アパートの評価額が等しくないといけません。

もしAアパートの方が評価額が高かったら、Aアパートの持分を手放すお兄さんは不公平を感じてしまいます。交換後、評価額の低い方のBアパートを所有することになるのですから。

交換は、等しい価値同士で行うことが原則です。

「まあきょうだいだし、その辺は目をつぶろうよ」とごきょうだいが納得したとしても、法律が許さないこともしばしばです。

交換時に発生した差額分は贈与と見なされ、その分の税金を払うことにもなりかねないのです。この点には注意しなければなりません。

事例の場合、両アパートは隣り合っていて立地条件がほとんど等しく、価値もほぼ同等であることが判明しました。

よって単純な持分の交換だけで解決しました。

しかし、これは非常にまれなケースです。

扱ってきたケースとしては、「一軒家」と「マンション」だったり、「アパート」と「駐車場」だったり、「都内のワンルーム」と「郊外のマンション1棟」だったりと、交換事例のバリエーションは豊富です。

当然価値の等しい交換にはなりません。このような場合はどうすればよいでしょうか。

交換条件はケースバイケース

事例をアレンジして考えてみましょう。

もしAアパートの方が価値が高ければ、Aアパートの持分を放出するお兄さんにとっては、不利な交換となってしまいます。

穏便な解決を図るのであれば、弟さんからお兄さんへ、持分の交換にプラスして差額を金銭で提供することになります。

極端な例として、Aアパートの評価額が1億円、Bアパートの評価額が1000万円だったとします。

お兄さんは5000万円、相談者さんは500万円の持分をそれぞれ手放すことになります。これは明らかにお兄さんが不利です。

そこで相談者さんが、500万円の持分と一緒に差額となる4500万円（もしくは4500万円に相当する物）を追加提供することになります。

これをせずに「きょうだいだしいいよね」と持分だけで交換すると、金額の大きさから見ても贈与税が発生してしまうでしょう。相談者さんはノーリスクで4500万円の大きな価値を受け取ったと言っても過言ではないのですから。

逆にBアパートの方が価値が高ければ、お兄さんにとっては有利な交換になります。この場合も差額が大きい場合は贈与税が発生するので注意したいですが、差額が小さければ贈与税の対象とはならないでしょう。ケースバイケースではありますが。

相談者さんが納得すれば、物々交換だけで済み、金銭の移動なくして完了することになります。

共有が生んだ余計な出費

お金のことが絡んでくると少々ややこしいですが、持分の交換は金銭の移動を抑えられる分、共有者にとって負担の少ない共有関係解消方法といえます。不動産を複数所有している場合に限りますが、かなり有効でお勧めです。

税金面についても、不動産に詳しい税理士と相談しつつ進めていけば低コストで完了できるはずです。

ただ今回の事例で最も強調しておきたいのは、そもそも遺産分割協議の時点で、各アパートを共有関係にせず、ごきょうだいそれぞれの単独所有にしてしまえばよかった点です。そうすればこのような手間を掛けることなく、ごきょうだいの好きなようにアパートを処分できたことでしょう。

結局のところ、共有関係としたために起きたトラブルであり、共有関係の煩雑さを如実に感じさせる事例であったといえます。

第6章

地主とのトラブル、回避できませんか

地主と借地人の複雑な関係

本章は土地と建物の名義が異なっている場合の共有名義不動産トラブルについて紹介しましょう。

つまり、土地の所有者である地主と、その土地を借りて建物を建てるなどして利用している借地人とのいざこざになります。

「底地権」と「借地権」

まず前提として知っておいていただきたいのが「底地権」と「借地権」です。

地主が借地人に土地を貸して、借地人がマイホームを建てていたとしましょう。このとき地主は底地権、そして借地人は借地権を有していることになります。

底地権と借地権が合わさって初めて所有権になります。所有権がないと、その土地を好きなように利用することができません。

ですから地主がいきなり「ここにお店を建てるから出て行って」と借地人に強要することはできませんし、逆に借地人が「今月引っ越すので来月からの地代（貸借料）は払いません」と一方的に提案することもできません。

図表14　地主と借地人の複雑な関係

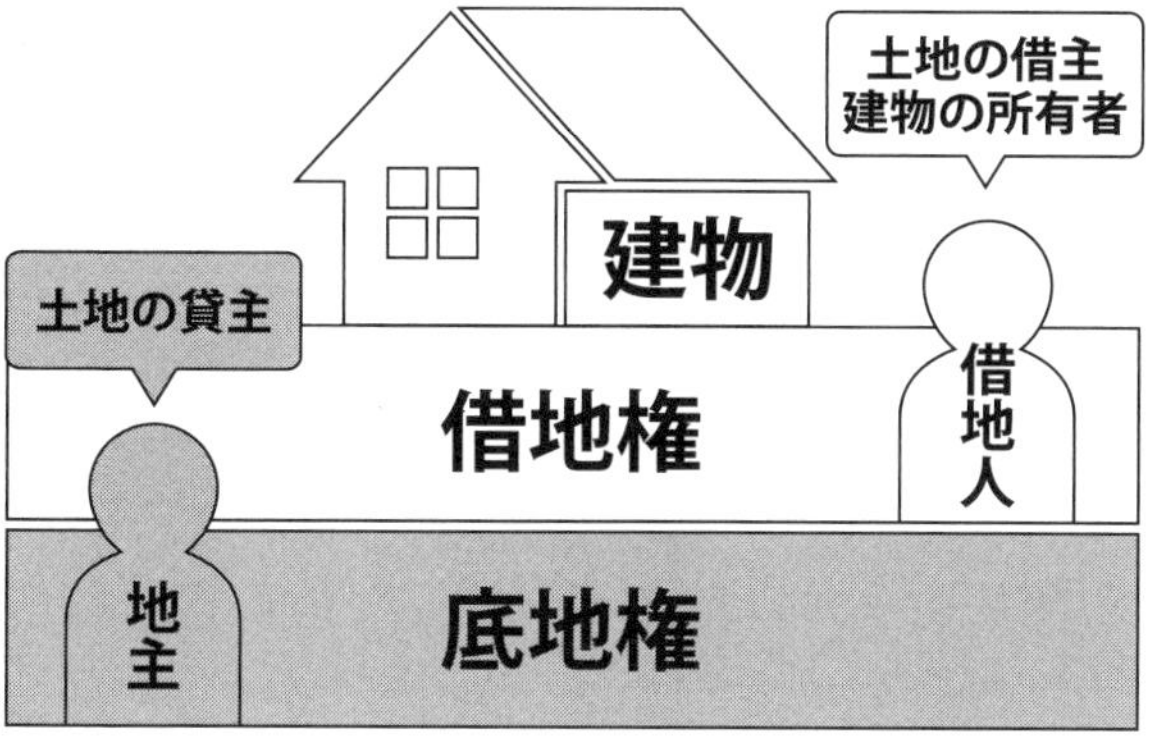

多くは、貸している地主に優位性はありますが、契約書を交わし一定期間の貸借関係を取り決めている以上は、それに背いた行為は行えないのです。

確かな所有権が存在しない分、扱いが難しいのがこの底地権と借地権の関係といえるでしょう。

共有不動産との関係性

さて、この地主と借地人の関係が共有名義不動産にどう影響を与えるのでしょうか。

例えば借地権付きの建物を共有していた場合、共有者間での合意があっても、全体や一部持分の他者への売却は安易には行えません。地主の許可や契約関係解消など、手続きが各種必要になってくるからです。

また、地主が代を移したときにトラブルとなる可能性もあります。

子どもの代になったら突然地代を上げてきた、といったパターンはよくある話です。基本的には土地を貸している地主の方が上の立場ですから、反対しようものなら「なら出て行け」と言われかねません。

特にトラブルとなりやすいのが、相続に伴い土地が共有名義不動産となった場合です。1つの土地で、地主が複数いることになり、遺産分割協議によっては共有関係を解消するため、借地人に「土地を売却するので契約を解除したい」と持ち掛けてくるかもしれないのです。これでは借りている側も堪ったものではありません。

少ないからこそ難しい

いずれにしろ、地主と借地人のトラブルというのは幾種ものパターンが考えられ、また土地にしろ建物にしろ共有名義不動産となると事態はさらに複雑となってしまいます。

土地と建物の権利者が別というのは、不動産全体から見てもほんの少し。都心に行くほどこのケースは少なくなっていきます。

しかし、だからこそ、いざトラブルが発生したときに「こういうトラブルのときはこういう解決法がある」という回答例が少ないため、問題は迷宮入りしがちなのです。

ここからは借地人サイドの相談者によるトラブル事例を紹介します。解決方法も明示していきますが、必ずしもこれが最善策というわけでもありません。地主と借地人との関係はさまざまですから、ケースに応じて柔軟に対応する姿勢が何より大切となっていきます。

地主の許可なく持分移転は可能？

事例「共有者の単独名義にしたい」

「父はA社との共有というかたちで、2階建ての借地権付きの建物を保有していました。底地権は第三者の名義です。

父が亡くなり、子どもである私たち姉妹3人が相続することになりました。

現在、建物の2階を私たち姉妹がテナントとして貸し、1階でA社が営業するという共有関係になっています。

先日、A社から私たち姉妹の持分を買い取りたいという連絡があり、話し合いの場を持ちましたが、A社から提示された金額が妥当なのかどうか分かりません。

また、持分をA社に移す際に地主の許可が必要かどうか、必要であれば手続きや費用はどういったものなのかも知りたいです」

共有者が他の共有者に「持分を買い取りたい」と持ち掛けている持分移転のパターンです。これ自体はよくある事例です。

不動産鑑定士の調査の結果、事例の借地権付き建物の評価額は、A社が提示してきた金額よりも上回っていました。A社の提示額で売却したら相談者さんたちが損をすることになってしまうのです。

そこでA社と交渉したところ、こちらの評価額での買取を承諾してくださいました。「A社の言いなりで売却しなくてよかった」と相談者さんたちも喜んでいます。

共有者間での移転なら地主への許可は不要

さて問題は、底地権を有している地主です。

法律上の登記手続きとは別に、地主との貸借関係も整理しないといけません。

結論から先に言うと、事例の地主は「共有者間での持分移転なら問題ない」と、特にこじれることなくA社の単独名義とすることができました。名義移しに伴う手間や費用を最小限に抑えることができています。

このように、共有者間での持分移転であれば、地主に不利益が生じない限り、地主の許可は必要ないのが基本です。

これがもし、ご姉妹やA社ではなく第三者への名義変更だと、地主は簡単には納得してくれなかったことでしょう。後の事例にて説明しますが、名義変更料を負担することになります。

しかし、地主の許可がないと絶対に第三者へ持分を渡すことができない、というわけではありません。地主が許可してくれなかったら、裁判所に依頼することもできます。こちらについては別の事例（202ページ参照）で詳しく説明しましょう。

借地権付き建物であっても、共有者間での持分移転であれば、地主とモメることは少ないのです。これをまずは覚えておいてください。

名義変更料って何？

事例「地主に名義変更料を払えと言われた」

前の事例でも登場した「名義変更料」についてここでは解説しましょう。ごきょうだいの弟さんからの相談です。

「去年父が他界し、実家を私たちきょうだいが相続しました。兄夫婦が住むことになりましたが、相続登記は行っていません。

先日、地主から『建物名義が変わるのであれば名義変更料を払ってほしい』と言われました。

兄夫婦は引っ越しを終え、実家での生活をすでにスタートさせています。兄たちが暮らしていく意思は変わりません。この場合は兄だけでなく共有者である私も名義変更料を払う必要があるのでしょうか」


お兄さん夫婦が実家に住むことに伴い、地主から「名義変更料を払ってほしい」と言われています。

さて、名義変更料とは何なのでしょうか。

その名の通り名義を変更する際にかかる費用であり、借地人から地主へと支払われます。借地権の譲渡の際に発生する費用ということです。

名義変更料以外にも名義書換料や譲渡承諾料と呼ばれたりなど、名称はいくつかありますが内容は同じです。

名義変更料の支払い有無やその金額算出方法は、地主と借地人との関係によってさまざます。譲渡する側とされる側の負担割合も法律で詳しく明記されているものではありません。

「自然な相続」なら出費はないが……

事例の場合、相続にてお父さんからごきょうだいの共有名義不動産に移っています。この時点では「自然な相続」になるため、基本的に地主が名義変更料を要求することはありません。

今回は相続で共有名義不動産となった後の話です。

地主としては「兄夫婦だけが住むのなら、名義も兄個人にするべき。だから名義変更料が発生する」という主張になります。

支払いを要求されていますから、応じないと「払わないなら契約を更新しない。貸借関係を解除しよう」ともなりかねません。事態がこじれてしまいます。

借地権者と底地権者との関係上、名義変更料を支払うことは避けられないでしょう。しかし、ごきょうだい2人が払う必要はありません。名義を有する側、事例ならお兄さんが負担するのが基本です。

まずは恒例の流れで、共有関係の解消をしなければいけません。相談者さんの持分をお兄さんが買い取ることになります。

相談者さんはお兄さんから賃料を受け取る意思もありませんし、実家に住むお兄さんも相談者さんに税金を負担してもらう気持ちはありません。

将来共有関係が複雑になりトラブルが悪化するのを防ぐためにも、売買によって共有関係を解消することが先決です。

無事に売買が済んだら、続いて借地権の名義をお兄さん単独へと変更します。きょうだい間で譲渡を行ったので、名義変更料をお兄さんから地主へ支払うことになりますが、具体的な金額については交渉次第になります。

身内でのまっとうな譲渡なので、さほど高額とはならないはずです。

肝はやはり早めの共有解消

結局、事例では名義変更料を払うことになりましたが、こういった負担を負わずして解決する方法はなかったのでしょうか。

お父さんが亡くなった後、相続の発生したタイミングで、きちんと遺産分割協議を行っていればよかったのです。

つまり共有関係にせず、実家はお兄さんが単独で相続するようにしていれば、地主から名義変更料を要求されることはなかったでしょう。

もちろん地主によっては「きょうだい間ならいいよ」と目をつぶり、事例のような譲渡を介しても名義変更料を要求しない場合もあります。結局は地主のスタンスに大きく左右される部分なのです。

ただお金の絡む問題ですから、今回のようにどうしてもこじれるケースが多いのが現状です。

トラブルとなる前に、早い段階で共有関係を解消する。本書で一貫して強調している部分ではありますが、地主と借地人との関係を考える上でも、大事になってくるわけです。

最終手段は裁判所へ

弱い立場な印象の借地人

これまでの事例からも分かる通り、底地権を有する地主と、借地権を有する借地人との関係は複雑であり、多種多様です。

ただ地主の方が優位な立場であり、地主が「ダメ」と言ったら借地人はそれに従うのが一般的です。

しかし、だからといって、全てにおいて地主に決定権があるかといえばそうではありません。地主が行えることにも限度があります。

地主の主張は絶対ではないのです。反対されたり、何かを強制されても、法律の力を借りることで対抗できる場合があります。次の事例で説明しましょう。

事例「借地権付きでも売れる？」

「借地権付き建物を相続し私と姉の共有持分として登記しています。

しかし、誰も住む予定はなく、地代と固定資産税が負担となっているので、私は手放したいと考えていますが、姉は今すぐ手放したい意向はなく、意見が対立しています。

地主が売却や名義変更に承諾してくれるのかも分かりません。また地主から以前より『借地権を解除してこちらに権利を戻してほしい』と要求もされています。

売却して現金化することは困難でしょうか」

相談者さんは借地権の付いている建物を売却したいと考えています。

これはつまり、地主との契約関係も解除し、購入した他者が新たに地主と契約を結ぶことになるわけです。

地主の立場からいえば地代を払ってくれる対象がいきなり変わるのですから、きちんとした許可が必要になります。もし購入した他者が地代を払ってくれないようないい加減な人であったら一大事だからです。

このようなケースにおいて、地主が借地権付き建物の売却を断固拒否することは珍しいことではありません。

「私の土地なのだから、私の意見に従うべきだ」と主張し、さらには事例のように借地権の返却を要求してくることもあります。

地主が「ダメ」と主張したら、借地人は売却を諦めるしかないのでしょうか。

借地非訟事件

相談者さんは「全体売却」を想定していました。しかし、お姉さんはこれに反対でした。

そこでまず相談者さんの持分だけを売却することを提案したところ、「自分の持分だけ売れるんですね」と驚かれていました。

借地権付きであっても、持分売却は可能です。地主に相談者さんの持分を他者へ売却したい旨を伝えたところ、難色を示され、「借地権を戻してほしい」の一点張り。地主の意見が変わる気配はありませんでした。

これでは解決へと至れないので、地主との交渉は断念しました。

最終手段として、裁判所へ「借地非訟事件」として貸借権譲渡許可の申し立てを行うことになりました。事件というと不穏なイメージが漂いますが、訴訟ではなく非訟に属する案件となり、平たく言えば「借地権の移動を地主に代わって裁判所に許可してもらう」ための行為です。

事例では弊社のネットワークで弁護士や司法書士を集めた専門家チームに裁判所への各手続きを依頼しました。

そして無事に裁判所の許可が下り、借地権の持分売却を達成できました。

ただ裁判所を通した分、時間や費用はかかってしまいました。しかし、売却金は相談者さんの手元に残りましたし、何より地代や税金負担から解放されほっと一安心といった様子でした。

借地法の力を借りて解消

地主が「他者に売るくらいなら借地権を戻してくれ」と主張してきたとしても、借地人には抗う権利があります。

厳密には、借地人は借地法に守られています。そして事例のように裁判所の力を借り、地主に代わって許可をもらうことができれば、借地権を他者へ譲渡することが実現できるのです。

このような事例の他にも、借地非訟事件でトラブルを解決できるケースはいくつかあります。

例えば地主との貸借関係を解除する際、「出て行くなら建物を解体してほしい」と地主から言われた場合。解除時の建物の処遇について契約時に詳しい取り決めを行っていなかった（なおかつ書面として残していなかった）のであれば、解体手続きや解体に伴う費用負担を拒むことができます。

もし地主に「解体しないなら引き続き貸借関係を継続してもらう」と言われても、借地非訟事件として地主に代わって契約解除の許可をもらうことができ、解体費用も背負わずに済むのです。

借地法に絡んだ地主や借地人とのトラブル解決事例を紹介してきましたが、借地法は内容が少々複雑であり、また裁判所での手続きも面倒で、なおかつ希望通りに申し立てが通らないこともあります。結局はケースバイケースなのです。

自分の力だけでは事がうまく進まない方が多いでしょう。経験豊富な専門家に依頼し、抜かりなく解決への行程を踏んでいくことが大切です。

第7章

いざというときのために知っておきたい大切なこと

最も低コストで解決するには

自分たちで解決することの難しさ

いくつもの事例を通して、共有関係でいることのリスクや直面するかもしれないトラブルを紹介してきました。

これらは実際に寄せられた相談事例です。つまり、自分たちだけではどうにも解決できなくなってしまった状態になり、どうしようもなくなって、相談に来られたのです。

共有関係を解消しようとする際、まずは共有者間での解決を図ろうとします。しかし、これまでの事例から分かる通り、共有者間での解決は骨の折れる大きな負担であり、結局骨折り損となってしまうことがほとんどです。

揚げ句に「もういいや」とやけになってしまい、共有関係は解消されないまま問題を先送りし、ずるずると時間だけがすぎてしまい、相続に伴う枝分かれが起こって、共有関係がより複雑になっていくのがお決まりのパターンとなっています。

共有者間で一度問題が生じたら、当事者たちだけで解決するのは無理だと考えておくべきでしょう。

困ったらプロに聞く

ですから、たくさんの共有トラブルに関わり、解決までをサポートしてきた立場として提案したいことはただ1つです。

「少しでも共有関係によるトラブルが発生したら、大ごとになる前に、然るべき専門家に相談しましょう」

当たり前といえば当たり前かもしれませんが、これに尽きると思います。

税金などお金のことでモメそうだったら税理士、不動産の評価額を知りたいなら不動産鑑定士、取り交わしを正式な書面で残したいなら司法書士、そして法律の力が必要になったら弁護士といった具合です。

第三者の視点から、客観的に状況を見渡し、専門的な知識を持って正当な判断を提示してくれる彼らの力を借りるべきです。

専門家の意見を聞き、専門的な手続きを依頼することで、トラブルに伴う労力を最も低く抑えられることでしょう。

「正しい方法を知らなかったために、余計な税金を負担することになってしまった」

「評価額より安値で共有者に不動産を売却してしまった」

「きちんとした契約書を作らなかったせいで痛い目を見た」

そんな後悔をするくらいなら、まずは専門家へ相談です。

「専門家に依頼する＝費用がかかる」というイメージはあるでしょう。もちろん依頼した分の報酬は払わないといけませんが、それは一時的なマイナスであって、結果的に金銭的にも時間的にもプラスになるのは明らかです。

ですから、困ったことがあったらまずはプロへ、というのが、共有名義不動産の相続トラブルに関わってきた側としての心からの本音でありアドバイスになります。

専門家の上手な探し方

「専門性の高い専門家」を探す

専門的な分野は専門家に任せるとして、注意したいことが一点あります。

例えば、相続に伴い相続税や贈与税といった税金の負担が発生し、詳細を計算をするため税理士に相談するとします。

このとき、「税金のことなんだから税理士なら誰でもいいだろう」と当てずっぽうに会計事務所に問い合わせると、思わぬ損を被る可能性があるのです。

一口に税理士といっても、所得税に詳しい税理士や、法人税に詳しい税理士、相続税に詳しい税理士など、得意分野はさまざまです。

相続が不得意な事務所に任せたばかりに、かえって税金を多めに払うことになってしまったら身もふたもありません。

ですから、何を得意としている専門家なのかは前もって必ずチェックしておきましょう。

特に相続に関しては専門性がより高く、苦手としている専門家が多い傾向にあります。

反対に、他との差別化のため、相続に関してはどこよりも強いとアピールするところも増えています。事務所名の前後に「相続」を標榜しているところであれば、相続税に関する知識と経験に期待が持てます。

課税のシミュレーションと分析を細かく具体的に行い、こちらの疑問に対してごまかすことなく丁寧に答えてくれるところが理想です。

税理士だけでなく司法書士や弁護士でも同じです。遺言書を作成したいなら遺言書に強い司法書士、遺産相続でモメているなら遺産相続に強い弁護士へ依頼するのがベストであることを覚えておいてください。

コストで決めたい不動産鑑定士

不動産取引をする際、トラブル発生を防ぐため不動産評価額の鑑定は不可欠です。

不動産の素人同士で「では〇〇万円で」と言い値で取引したとして、相手も納得してくれる金額にあっさり収束できるケースは少なく、交渉は難航するでしょう。また安過ぎると税務署に贈与と見なされて、多額の贈与税を買った側が支払うことにもなりかねません。

第三者機関に客観的かつ正当な評価額を算出してもらってから、それを基準に取引をすることが必須になります。

そこで不動産鑑定士に相談することになるのですが、相談先によって不動産の評価額に大きな差が出ることはまずありません。不動産の鑑定はいわば算数の計算であり、1つのルールに従って算出されるので、鑑定士の査定による差異は小さいのです。

不動産鑑定士であれば誰に依頼しても評価の中身に違いはないとみていいでしょう。

ではどういう基準で選べばいいかというと、報酬額になります。不動産鑑定士が掲げている料金プランを見比べましょう。

安く抑えたいのであれば最も低価格のところに依頼するのがいいですが、安さゆえに他の依頼も殺到している場合があるため、評価額算出までに長く待たされる可能性もあります。その辺の兼ね合いも見つつ、依頼先を絞っていくといいでしょう。

任せっきりも危険

プロに任せれば余計な労力を割かずに済みますが、だからといって「専門家に任せたから後は大丈夫」と安心しきってもいけません。

全ての専門家が「お客さまのため」という精神で責任と誇りを持ち、全身全霊で業務に当たっているかといえば、残念ながら必ずしもそうとは限りません。

中には私欲に走りお金を稼ぐことだけを考えている専門家もいることは否定できないのです。これはさまざまな専門家たちと強いネットワークを持つ弊社が長く現場に携わってきて実感していることです。

「実際に業務を遂行したところ、予想以上の手続きと時間を要しました」という言葉とともに、前相談もなく報酬を上乗せ請求してくるところもあるようです。

こんな寝耳に水の事態にならぬよう、事前に「報酬が上がりそうなときは連絡を」といった予防線を張っておく必要があります。

よく聞く悪例があります。

当事者たちの話し合いで解決できるささいなトラブルであっても、すぐに「では裁判にしましょう」と提案してくる弁護士です。

弁護士といえば裁判を連想する人も多いので、「そういうものか」と二つ返事で承諾してしまう人もいますが、これが実は大きな罠なのです。トラブルが長期化する上に費用も余計にかかってしまいます。

裁判になれば弁護士の担当作業は増えます。訴状を作成し、依頼人の代理人として出廷し、長期の案件として処理されていくのです。当然、弁護士の報酬は増えることになります。

このようにもうけを増やすため裁判を勧めてくることも考えられるので、依頼者にも慎重な判断が問われてきます。「弁護士さんだから」と全幅の信頼を置くのはやめておきましょう。

「とにかくこちらに全てお任せください」と強気に、一方的にやり方を押し付けてくる弁護士には、注意が必要です。

依頼者にとって最も負担の少ない解決法を一緒に見つけてくれるような弁護士を選ぶようにしましょう。

遺産分割協議書の作り方

ここからは本書の付録的な位置付けとして、相続対策や共有関係解消を行う際に、通ることになるであろう手続きについて詳しく説明します。

ただしこれらは執筆している2018年の2月時点でのことであり、今後法律が見直されて、方法が変わる可能性もあります。

あくまでも参考程度、ということでお含み置きください。

書き方自由、でも注意

まずは遺産分割協議書の作り方について説明しましょう。

遺産分割協議についてはすでに第2章で詳しく説明しましたが、簡潔に述べると、遺産相続人たちによる遺産分割に関する話し合いです。

「相続した財産をどのように分けようか」と協議するわけです。

この話し合いで決まった内容を遺産分割協議書に書いて、相続登記時などに活用するのですが、この遺産分割協議書自体に書き方の決まりはありません。

手書きでもいいですし、印刷でもいいです。紙の大きさも問いません。数項にわたってもいいですし、1枚でも構いません。

ただし、相続人（共有者）全員の同意が必要です。然るべき機関に提出する際は、実印にて押印、印鑑証明も必ず添付します。

遺産分割協議書に書くべき内容はおおむね決まっています。

まずは相続した財産。土地や建物、車や株式などなど、継承したものを余すところなく列記します。

土地や建物などの不動産は、登記簿謄本に書かれている通りに書きましょう。そうしないと、いざ相続登記にて名義変更を行うときに受理してもらえない可能性があります。

続けて分割方法も明記します。こちらについての詳細はすでに第2章で紹介しました。それぞれの財産について「現物分割」「代償分割」「代金分割」のどれを適用するのかを明確にしましょう。

そして基本事項。日付や相続人全員のサインと実印です。

実際にどういった流れで書くかは、サンプルがインターネットにいくつも掲載されているので参考にするといいでしょう。「遺産分割協議書　サンプル」と検索すれば見つかるはずです。

どうにもならないなら調停に依頼

このように遺産分割協議書そのものを作成するのはさほど難しいことではありません。

しかし、全員の同意を得るというのはいかがでしょうか。

相続人全員の仲が良好であればいいのですが、「あいつだけは気に食わない」という犬猿の仲の人がいたり、相続人の中に愛人の隠し子がいたりといった複雑な事情があると……全員同意の難度は格段に上がります。大げさでも何でもなく、これは本当によくある話なのです。

関係が複雑になるほど、全員が納得する分割方法は見つけにくくなります。

そこで、相続人間での遺産分割協議がまとまらなかった場合、家庭裁判所の遺産分割調停に頼る手があります。

調停では調停委員や家事審判官が相続人たちの協議の仲介をし、全員が納得する分割案が提案できるようフォローしてくれます。

調停への申し立てには、主に以下の書類が必要になります。

- 申立書
- 被相続人の出生から死亡までの全ての戸籍謄本

・相続人全員の戸籍謄本と住民票（もしくは戸籍附票）
・遺産に関する証明書

さらに状況によっては多種多様な資料や証明書の類いの提出が求められます。

非常に手間がかかるわけですが、分割を諦め共有関係を続行しても、いずれトラブルが発生することは明らかです。自分たちで決着をつける覚悟を持って取り組みましょう。

また、調停が不成立となった場合は続いて審判へと移行し、裁判によって遺産分割の方法が決められます。

いずれにしても、裁判所へ申し立てれば分割というゴールを切ることができます。遺産分割時の最終手段として押さえておいてください。

相続登記の必要性

煩雑な登記の手順

遺産分割協議書が完成したら相続登記を行いましょう。

今、本書を記している時点では、相続登記は義務化されていません。

世の中にはすでに死亡している人の名義のまま放置されている不動産がたくさんあります。その積み重ねが所有者不明土地問題を引き起こしているのです。

相続登記をしなかったばかりに、後々面倒なトラブルに巻き込まれる可能性があることは、事例で嫌というほどお分かりいただけたと思います。

相続によって、遺産が誰のものになったのかを明確にしておくことが、将来の安泰へとつながります。

相続登記は義務ではありませんが、本書では「相続登記は忘れず行いましょう」と念を押しておきます。

さて相続登記の方法ですが、手順はかなりややこしくなっています。

インターネットを駆使し、専門書も参考にしつつ進めれば、自力で書類をそろえることも無理ではないかもしれません。

しかし、仮にそこをクリアできたとしても、実際に法務局へ足を運び、窓口へ相談したり書類を提出する手間があります。

法務局は平日しか開いていませんから、平日忙しい方はここで苦労を感じるはずです。初めてのことだらけですから、書類に不備が見つかることもあるでしょう。そのたびに法務局へ出向いて修正するのも気がめいります。

「絶対に自分ではやるな」とまでは言いませんが、本章の冒頭にも書いた通り、あまりにも専門的なところは、相続登記に詳しい経験豊富な司法書士に依頼するのが得策といえるでしょう。

社会全体のためにも

ここでは相続登記の手続きの流れを詳しく書くことは控えます。

しかし、登記については、不動産や法律関係に携わっていない一般の方々にも、ある程度の知識と理解が必要だと感じています。

相続や共有関係に伴う身内だけのトラブルに限らず、所有者不明土地問題といった現在進行形で拡大し続けている社会全体の問題を収束させるためにも、積極的に登記を行えるような環境が作られていくべきです。

私たちの関心が高まれば高まるほど、制度見直しのスピードが加速していくはず。お金や時間の負担を少なくして、楽に相続登記ができる日がいずれ来るでしょう。

ただそれはまだまだ先の話です。下の代へややこしい難題を先送りするのではなく、自分の代で相続登記を正しく済ませておきましょう。

行方不明者がいる場合の手続き

代理を立てる「不在者財産管理人」制度

「共有名義不動産を売却したいのに、行方不明の共有者がいる」というときには「不在者財産管理人」や「失踪宣告」の制度を使いましょう。ここではそれら制度の具体的な内容と流れを紹介しましょう。

ただしこの制度についても、これから時代とともに変化していく可能性は十分に考えられます。繰り返しますが、執筆している２０１８年2月時点でのものであることは踏まえておいてください。

まず不在者財産管理人の制度を説明しましょう。これは「行方不明者の代理として、分配された財産を管理する人」を選任することから始まります。

候補者が見つかったら、家庭裁判所に不在者財産管理人申し立てを行い、許可が得られることで、晴れてその人は不在者財産管理人になります。

不在者財産管理人を立てることで、見掛け上は共有者全員がそろったことになり、遺産分割協議や相続登記が行えます。

不在者財産管理人は身近な人から選任できますが、財産の相続に関わっている人は選ぶことができません。

行方不明者の代わりに財産を管理するのですから、「行方不明者にとって最も納得のいく遺産分割」を行うのが不在者財産管理人の役目です。ですから利害関係の発生しない、第三者的な立ち位置の人から選ぶ必要があるわけです。

身近にふさわしい人がいなければ、裁判所に選任してもらうことになります。

不在者財産管理人申し立てには主に以下の書類が必要になります。

- 申立書
- 不在者の戸籍謄本と戸籍附票
- 不在者財産管理人候補者の住民票または戸籍附票
- 不在の事実を証する資料
- 不在者の財産に関する資料
- 申立人の利害関係を証する資料

不在者財産管理人の役目

無事に裁判所の許可が下りたら、選任された不在者財産管理人を含めた共有者たちで分割協議を行うことになります。

不在者財産管理人は、不在者の代わりになって、納得のいく分割になるよう協議に参加します。

不動産を分割することになったにしろ、売却して現金化したにしろ、不在者財産管理人は得た財産を管理しておく役目を担います。不在者の代わりに話し合いに参加して終わり、というわけではないのです。

不在者が見つかったり、死亡していることが確認されたり、もしくは次に紹介する失踪宣告がなされたとき、不在者財産管理人の役目は終わることになります。

死亡と見なす「失踪宣告」制度

それでは続いて失踪宣告の制度について説明しましょう。

不在者の生死不明の状態が一定期間以上続いた場合、他の相続人や共有者などの利害関係人が申し立てることによって、家庭裁判所が失踪宣告をします。これによって不在者は「法律上死亡した」と見なされます。

扱い上は通常の死亡と同じで、不在者に相続人がいればその人が新しい持分権者となり、分割や共有関係解消の話し合いに加わることになります。

もし相続人がいなければ、持分は残りの共有者に帰属となり、残りの共有者全員の同意で処分を決定することができます。

失踪宣告が行える条件としては、大きく次の2つのケースがあります。

- 普通失踪……生死が7年間明らかでないケース
- 特別失踪……戦争、船舶の沈没、震災などの特別な危難に遭遇し、その危難が去った後その生死が1年間明らかでないケース

また失踪宣告の申し立てには主に以下の書類が必要になります。

- 申立書
- 不在者の戸籍謄本と戸籍附票
- 失踪の事実を証する資料
- 申立人の利害関係を証する資料

申し立てを受けた家庭裁判所は、所定の期間を定めて、不在者に対しては生存の届け出をするように、また不在者の所在を知る者に対してはその届け出をするように、官報や裁判所の掲示板で催告します。

所定の期間に届け出がなかった場合、失踪宣告となり、不在者は法律上死亡したことになります。

不在者がいても絶対放置しない

このように、連絡の取れない不在者がいても、ルールに従って手順を踏めば、共有名義不動産の処分は行えるのです。しかし、このような処置を多くの人が知らず、共有名義不動産を寝かしたままにしています。

「共有者（相続人）に行方不明者がいるために財産の処分ができない！」

と相談にいらっしゃる方は後を絶ちません。

そしてこのような悩みを抱える人は、日本の現状から察するに、これから先もっともっと増えていくことでしょう。

あなた自身が抱えていなくても、もしかしたら周囲に悩んでいる方がいるかもしれません。そういう方には紹介した2つの制度を教えてあげてください。

申し立てにはもちろん相応の費用や手間がかかりますが、対応しないまま放置しておくことの不利益の方が多いはずです。早めに片を付けておくべきでしょう。

おわりに

相続に関する本はたくさん出ていますが、相続後実際にトラブルに遭遇してしまったときに役立つ本は、意外と少ないものです。

相続後に訪れる不動産の共有トラブルは、金額の大小は問いません。各人の思いの多寡によって決まるといっていいでしょう。これらは本書で紹介してきた事例で、ありありと見て取れたはずです。


弊社に寄せられてくる相談は一向に減る気配がありません。共有名義不動産に端を発するトラブルは増え続けているのです。それはなぜでしょうか。

まず共有名義不動産の認知度や理解度の低さにあるでしょう。

相続というと、金銭と直接絡んでいる相続税を即座にイメージする方が多いようです。

しかし、実際に計算をしてみると、ほとんどの方の場合、相続した財産は基礎控除の対象内にあり、相続税を払う必要はなく、大きな痛い出費を経験するといったことは起こりません。

　ここでホッとして油断すると、あいまいなまま相続をやり過ごしてしまいます。厳密な分割方法を相続人たちの間で話し合わないままにしてしまうのです。

　ここに共有名義不動産の恐ろしさが潜んでいるのです。

　相続税などの表面化されているやっかいごとの裏に、共有名義不動産というじわじわと育つトラブルの源がある。そのことに気付くチャンスを与えられていないのです。

　だからたくさんの人たちが今も、共有トラブルに頭を悩ませています。そしてそれを解決するにはどこを頼ればいいのかも分からず、途方に暮れているのです。


　そこで本書は、相続後に共有名義不動産を持ったことで困っている方たちに役立つものを目指し、実際の共有トラブル事例を紹介しつつ解決方法を提示しました。

　今はまだトラブルに発展していない方も、共有関係にあることの危うさと、早めに共有関係を解消することの大切さを知っていただけたことでしょう。

　最初はささいな問題でも、時間の経過とともに見る見る肥大し、いつかは取り返しのつかない大問題になってしまうものなのです。

　次の代へ「負動産」を残さないためにも、今すぐ共有関係解消に向けて動き出しましょう。

トラブルが発生し、こじれてしまったら、家族関係にも影響が及びます。一度崩れてしまった関係の、修復することのなんと難しいことか。

これまで多数の相談を受けてきましたが、共有関係を解消することはできても、残念ながら家族の関係まで直すことができずに終わったケースもいくつかあります。

「このようなことになるなら、もっと早く共有関係を解消するべきだった」

共有トラブルに巻き込まれた多くの方が感じることです。

彼らのような悲しい末路を迎える人が減るためにも、本書の存在意義というのは大いにあるように思います。

また、実際に共有関係解消に向けて動くことになった際、注意するべきことはたくさんあります。

持分を売却するのであれば買い手は十分に吟味しましょう。処分に当たって契約を交わす際は、後々言った言わないでモメないよう正式な書面を残すようにしましょう。裁判所に申し立てることになったら、信頼できる専門家へ依頼するようにしましょう。

これらの具体的な対策についても、本書で紹介してきました。いざというときの参考になれば幸いです。

多くの方に手に取っていただき、役立てていただければこれ以上の喜びはありません。そして共有名義不動産に関するトラブルが減り、世にまん延しているさまざまな社会問題解決の糸口になることを願って、本書の執筆を終わります。

２０１８年５月

松原　昌洙

●著者プロフィール

松原　昌洙（まつばら・まさあき）

株式会社中央プロパティー代表取締役
宅地建物取引士
一般社団法人相続総合支援協会代表理事
相続アドバイザー（NPO法人相続アドバイザー協議会認定）
住宅ローンアドバイザー（社団法人全日本不動産協会認定）

1970年生まれ、静岡県出身。

2011年に業界で唯一、借地権・共有名義不動産を専門に扱う株式会社中央プロパティーを創業。弁護士・司法書士・不動産鑑定士などの専門家とともに問題解決に取り組む体制を確立。現在までに3500件以上のトラブル解決をサポート。その実績から、共有名義不動産の第一人者として知られる。

著書に『あぶない!! 共有名義不動産』（幻冬舎メディアコンサルティング）、『頑固な寿司屋の大将も納得する!? よくある借地権問題』（ギャラクシーブックス）、『不動産相続のプロが解決！　危ない実家の相続』（毎日新聞出版）、『［図解］実家の相続、今からトラブルなく準備する方法を不動産相続のプロがやさしく解説します！』（クロスメディア・パブリッシング）など。

企画協力　　藤田　大輔希
編集協力　　小西　秀昭
組　　版　　GALLAP
装　　幀　　株式会社クリエイティブ・コンセプト
図　　版　　武本　亜美
校　　正　　春田　薫

相続の落とし穴！共有名義不動産
——想い出がきれいなうちにトラブル解決

2018年6月15日　第1刷発行
2018年7月30日　第2刷発行
2023年1月10日　第3刷発行

著　者　　松原　昌洙
発行者　　松本　威
発　行　　合同フォレスト株式会社
郵便番号 184-0001
東京都小金井市関野町 1-6-10
電話 042（401）2939　FAX 042（401）2931
振替 00170-4-324578
ホームページ https://www.godo-forest.co.jp
発　売　　合同出版株式会社
郵便番号 184-0001
東京都小金井市関野町 1-6-10
電話 042（401）2930　FAX 042（401）2931
印刷・製本　株式会社 シナノ

■落丁・乱丁の際はお取り換えいたします。

ISBN 978-4-7726-6110-2　NDC 360　188×130